JN410731

행복형 인간

지금 당장 효과를 볼 수 있는 행복의 비결,

2030세대를 위한 웃음의 성공론

2030세대를 위한 웃음의 성공론

행복형 인간

초판인쇄 2012년 6월 4일
초판발행 2012년 6월 11일

지은이_ 더글러스 페어뱅크스
옮긴이_ 이지선
디자인_ 이현자
발행인_ 김현길
발행처_ 도서출판 문파랑

등 록_ 제313-2006-000253호
주 소_ 서울시 마포구 망원동 435-42 라이져B/D 2F
전 화_ (02) 3142-3827
팩 스_ (02) 6442-0839
E-mail_aveva@naver.com
twitter.com/munparang

값 10,000원

ISBN 978-89-94575-14-8 03840

지금 당장 효과를 볼 수 있는 행복의 비결,

2030세대를 위한 웃음의 성공론

행복형 인간

더글러스 페어뱅크스 지음 이지선 옮김

도서출판 문파랑 文波浪

목 차

1장/ 그대는 늘 웃는가? / 7

2장/ 그대 자신을 점검하라! / 17

3장/ 자신감을 갖자! / 29

4장/ 그럼에도 경험해보라! / 41

5장/ 어째서 모두가 성공하지 못하는 걸까? / 51

6장/ 인격을 꾸준히 수양하자! / 61

7장/ 자신에게 정직하자! / 69

8장/ 몸과 마음을 청결하게 유지하자! / 79

9장/ 타인을 배려하며 살자! / 91

10장/ 열린 마음으로 소통하라! / 103

11장/ 마음을 살찌우라! / 113

12장/ 운동을 생활화하자! / 123

13장/ 방종의 유혹을 뿌리쳐라! / 131

14장/ 인색하게 살지 말자! / 141

15장/ 주체성과 자주성을 기르자! / 151

16장/ 좋은 기회를 놓치지 말라! / 161

17장/ 용기와 함께 하라! / 169

18장/ 인생의 동반자가 되어줄 사람과 결혼하라! / 177

19장/ 행복형 인간으로 살라! / 187

1장
그대는 늘 웃는가?

웃으라! 인간은 웃을 때 진정으로 사는 것이다.

웃는 것이 어색하다면, 웃음이 습관처럼 몸에 배도록

훈련해야 한다. 크게 웃을 수 있는 기회를 놓치지 말라.

미소 짓는 것은 아무것도 하지 않는 것보다 낫다.

낄낄 웃는 것은 그보다 더 낫다.

그러나 진정한 웃음은 크게 웃는 것이다.

지금 당장 시도해보라! 아무 거리낌 없이

큰 소리로 웃을 때 그대의 기분이 어떤지 관찰해보라.

그대는 늘 웃는가?

이 세상에는 변치 않는 진리가 하나 있다. 행복은 행복해지기 위해 노력하는 모두를 위한 것이다. 그리고 웃는 사람은 행복한 사람이다.

모두가 행복해질 자격이 있다.
그대와 나, 그 이외에 다른 모든 사람이.

행복은 근본적으로 마음 상태다.
행복은 그대의 마음에 달렸다.

삶을 살아가는 동안 불가피하게 '바나나 껍질'을 밟아 휘청거릴 때도 그 너머에 있을 밝은 미래를 상상한다면, 한 발로도 꿋꿋이 몸을 지탱할 수 있으리라. 그러한 상황에서도 그대가 거리낌 없이 웃는다면, 그대는 여전히 행복하고 편안하고 평온한 상태에 머물 것이다.

방금 전에도 말했듯이, 행복은 온전히 마음 상태다. 내가 이렇게 펜을 든 이유도 바로 이 때문이다. 내게 행복의 비결을 묻는 편지를 보냈던 많은 이들에게 나는 이 말을 하고 싶었다. 스크린 속에서 내가 할 수 있는 일은 배역을 충실히 연기하고 그대를 위해 웃는 것이다. 물론 스크린 속에서 내가 하는 말을 그대는 단지 추측해야만 할 것이다. 그러나 글은 무성영화와 다르다. 내가 하는 말을 분명히 이해할 수 있을 테이고 나와 그대의 친근감은 곧 두터워지리라고 나는 믿어 의심치 않는다.

이 글을 시작하면서, 나는 그대에게 '가장 어리석은 질문 하나'를 묻고자 한다.

그대는 늘 웃는가?

큰 소리로 자연스럽게 웃을 수 있는가 하는 것이다. 누구의 눈치도 보지 않고 아무 거리낌 없이 말이다. 그렇지 않다면 그렇게 웃어야 한다. 아침을 웃음과 함께 시작해보라. 남은 하루에 대해서는 걱정할 필요가 없어진다.

웃음만큼 좋은 것도 없다. 웃음은 활기를 북돋우는 강장제다. 웃으면 기운이 나고 기분이 한결 밝아진다! 게다가 최상의 컨디션을 유지하도록 도와준다. 웃음은 생리적으로도 꼭 필요한 것이다. 우리 몸의 신경계는 웃음을 필요로 한다. 웃는 동안 매우 강도 높고 효과적인 가슴 운동이 이루어지며, 그에 따라 혈액 순환이 원활해진다. 한마디로 웃음은 우리 몸과 마음을 더 건강하게 해준다. 웃음의 효과에 대해 알면 알수록 그대는 더욱 놀라게 될 것이다. 웃음은 혈액에 산소를 공급하여 혈액이 붉게 유지하도록 해준다. 또한 뇌의 긴장을 풀어준다.

웃음은 어느 정도 습관이다. 자연스럽고 거침없이 웃을 수 있기까지 꾸준한 연습이 필요하기도 하다.

억지로라도 웃다보면 기분이 한결 나아질 것이고, 마치 훈련하듯 꾸준히 웃는 연습을 하다보면 긍정적인 에너지가 우리 몸 안에 퍼지면서 웃음이 자연스럽게 그대의 일부가 될 것이다. 그렇다면 무엇 때문에 주저하는가? 웃으라, 그럼 더 오래 살 수 있다. 그대가 죽음에 대해 한번이라도 생각한 적이 있다면 웃으라, 그럼 건강해지리라. 몸이 아프거나 기운이 없는 상태라면 웃으라, 그럼 마음이 살찔 것이다. 마음이 비쩍 말랐다면 웃으라, 그럼 성공하리라. 그대의 인생에 먹구름이 끼어 있고, 운이 따르지 않는다고 생각한다면 웃으라, 그럼 그 무엇도 그대를 괴롭히지 못하리라. 심지어 죽음의 신도. 웃으며 삶을 살아가는 사람에게 미래에 대한 두려움이 있을 까닭이 없다. 그의 의식은 확고하다.

웃음의 기적은 어디에 있을까? 웃음은 그대가 어떤 상황에 있든 최상의 행복을 만끽하도록 해준다. 웃음의 매력에 빠져보라. 웃음은, 자연스럽게 그리고 필연적으로 우리에게 활력을 불어넣어준다. 아무것도 할 일이 없어 지루하다면 다만 웃으라. 웃음이야말로 우리가 할 일이다. 웃음은 행동과 동격이다. 행동은 슬픔, 걱정, 근심, 두려움 같은 나쁜 감정을 날려 버리기 위한 가장 효과적인 방법이다.

진정한 웃음은 거리낌이 없다. 물이 샘에서 솟아오르듯이, 진정한 웃음에서 억제되지 않은 감정이 솟아오른다! 이것이 바로 웃음의 본질이다.

그래서 나는 웃는다! 그대는 왜 웃으려고 하지 않는가? 시도한다고 해서 손해 볼 것은 없다. 다만 의지력이 필요할 뿐이다. 의지력은 개인이 저마다 자신을 위해 다지고 발휘해야 하는 개인적 차원의 특징이다. 많은 사람들에게 의지력이 잠재되어 있지만, 그것을 적극 발휘하지 않는다면 무용지물이다.

예를 들어 거리를 걷는 한 남자가 있다. 그는 터벅터벅 걷고 있다. 기운이 없어서 의기소침해 보인다. 애써 자신을 억누르고 있다. 그토록 무기력한 상태에서 어떻게 자연스러운 웃음이 나올 수 있을까?

지금 그에게 필요한 것은 원기 회복이다! 생기 넘치고 활동적으로 만드는 힘, 에너지가 필요하다! 우선 체력을 길러 몸 상태부터 정상으로 되돌려야 한다. 그런 의지력조차 발휘하지 않는다면, 그에게는 아무런 희망이 없다. 그 후에는 모든 것이 간단해진다. 뇌는 새로운 혈액 순환에 반응하고, 그에 따라 정신은 무기력에서 벗어나기 위한 만반의 준비를 갖추게 된다.

체력 단련이 필요하다고 해서 반드시 트레이너의 조언에 따라 체계적인 운동을 해야 하는 것은 아니다. 거창하게 생각하지 않아도 된다. 그저 밖으로 나가 신선한 공기를 마시며 상쾌한 마음으로 산책을 하면 된다. 그러는 동안 미소 짓는 것을 잊지 말라. 굳이 애쓰지 않아도 된다. 가볍게 시작해서 날마다 꾸준히 하는 것이 중요하다. 오늘 아침에 조금, 오늘 밤에 조금 더, 이런 식으로 점점 단계를 높여 가라. 일단 시작해보라. 그럼 반은 성공한 셈이다. 충분히 걸었다고 생각한다면 이번엔 달려보라. 녹초가 될 때까지 달리고, 달리고, 또 달려라. 그런 다음 박장대소하듯 큰 소리로 오랫동안 웃으라. 그대는 이미 행복에 이르는 길 위에 있다.

그렇다면 지금 당장 시도해보는 건 어떤가? 오늘은 시작하기에 더없이 좋은 날이다. 만약 이 글을 읽고 있는 시간이 밤이라면, 당장 이 책을 덮고 밖으로 나가 집 주위를 빠른 걸음으로 걸어보라. 그리고 다시 돌아왔을 때, 기분이 한결 나아질 것이다. 몸을 활발히 움직이면 행복해진다. 혈액 순환이 원활해지고 신진대사가 활발해질 때, 그대는 몸과 마음을 다스려 더 큰 행복에 이르기 위한 다른 방법들에 대해서도 생각하게 될 것이다. 일단 처음이 중요하다. 시작하지 않으면, 더 행복해지기 위한 방법들을 생각해내기란 어렵다. 생각하기 위해서는 원기가 필요하기 때문이다.

운동을 전혀 하지 않고 하루를 마감할 때 그대가 놓칠 기회들에 대해 생각해본 적이 있는가? 운동은 어렵지 않게 할 수 있다. 체력은 수면뿐 아니라 내일의 일과에도 영향을 미친다. 그렇기 때문에 체력 단련에 무관심하다면 본성을 거스르는 죄를 짓는 것이다. 웃으라! 인간은 웃을 때 진정으로 사는 것이다. 웃는 것이 어색하다면, 웃음이 습관처럼 몸에 배도록 훈련해야 한다. 크게 웃을 수 있는 기회를 놓치지 말라. 미소 짓는 것은 아무것도 하지 않는 것보다 낫다. 낄낄 웃는 것은 그보다 더 낫다. 그러나 진정한 웃음은 크게 웃는 것이다. 지금 당장 시도해 보라! 아무 거리낌 없이 큰 소리로 웃을 때 그대의 기분이 어떤지 관찰해보라.

운동하는 습관이 길러지면 웃는 습관도 저절로 길러질 것이라고 나는 감히 단언할 수 있다. 운동을 시작한 지 아직 한 주밖에 안 되어서 앞으로가 막막하게 느껴지는가? 또 다른 한 주가 지날 때 체력은 더욱 단련되어 있을 것이 분명하다. 건강한 몸과 마음은 하루하루가 쌓여 이루어지는 것이다.

자, 친애하는 독자 여러분, 다음 장부터는 인칭 대명사인 '나'와 '그대'보다 좀 더 친근한 대명사인 '우리'를 훨씬 자주 쓰고자 한다. 독자 여러분과 더욱 가까워지기 위한 바람에서다. 그럼 시작하기 전에 같이 한번 웃어보지 않겠는가?

2장
그대 자신을 점검하라!

"그대 자신을 점검하라!" 이것은 우리가 반드시 기억해야 할 슬로건이다. 정기적으로 우리 스스로를 '점검'하고, 우리가 서 있는 곳이 어디인지를 확인하자. 자신의 약점을 두려워하지 말자. 우리가 지닌 약점들을 극복하기 위해서는 먼저 우리 자신을 객관적으로 평가해야 한다. 책이나 연극, 운동 등이 우리에게 좋은 영감을 제공해줄지 모른다. 우리 자신을 냉정히 분석할 때, 어떤 가식이나 미화 없이 우리를 있는 그대로 볼 수 있게 된다. 그리하여 우리가 앞으로 얻게 될 잠재적 기회들을 예측할 수 있다. 어둠 속을 헤매고 있을 때, 우리는 많은 기회를 잃게 된다. '자기 분석'은 우리가 어둠 속에서 낭떠러지에 빠지지 않도록 길을 비춰주는 탐조등과 같다.

그대 자신을 점검하라!

경험은 진정한 선생이다. 그러나 어떻게 인생에서 성공할 것인가 하는 문제에 관해서라면, 기회가 오기를 무작정 기다리며 그 평범한 기회가 모든 것을 해결해줄 것이라고 안이하게 생각해서는 안 된다. 이에 대한 답을 찾기 위한 여행을 떠나야 한다. 그 첫 번째 단계는 예상치 못한 역경에 맞서기 위해 우리 스스로 준비를 해야 한다. 그러기 위해서는 우선 우리 몸과 마음의 상태를 객관적으로 점검할 필요가 있다. 우리에게 있는 결점들은 여행을 떠나기 전에 버려야 할 불필요한 짐이다. 그러므로 여행을 떠나기에 앞서 가장 먼저 우리 자신을 냉정하게 평가하는 것이 중요하다. 그래야 무거운 짐 때문에 중도에 여행을 포기하는 일이 생기지 않을 것이다.

이 여행에 가져가서는 안 되는 것이 하나 더 있다. 그것은 두려움이다. 두려움과 함께라면 우리는 어디에도 이르지 못할 것이다. 두려움의 삼촌, 고모, 사촌격인 시기, 적의, 탐욕도 반드시 가져가지 말아야 할 것들이다. 여행의 목적을 최대한 달성하고자 한다면, 마음속을 샅샅이 뒤져 짐이 될 만한 것들을 모조리 밖으로 버려야 한다. 거기에 어떤 변명도 있을 수 없다. 만약 어느 하나라도 가져간다면, 그 결과에 대해 누구 탓도 할 수 없다. 대신, 우리가 이 여행을 위해 반드시 가져가야 할 것은 용기와 믿음 그리고 신의다.

그렇기 때문에 우리가 두려움과 시기, 적의, 탐욕 등에 얽매여 앞으로 줄곧 나아가지 못하고 중간에 도랑 속에 빠진다 해도 누구에게 불평할 자격이 없다. 언젠가는 일어날 일이기 때문이다. 타락과 방종의 길을 걸으며 멀리까지 갈 수 있을지 몰라도, 결국 우리는 그에 대한 대가를 치러야 할 것이다. 그렇다면 어째서 처음부터 '손익'을 따져 우리에게 손해를 끼칠 만한 것들을 발로 걷어찰 생각을 하지 않는가? 그것들을 가차 없이 도랑에 빠트리라. 도랑이야말로 그것들이 애초에 있어야 할 곳이다. 우리 삶에 하등의 도움도 되지 않기 때문이다. 그것들이 자라나지 못하도록 싹을 확실히 자를 수 있는 시기는 우리가 젊을 때다. 정신적으로나 신체적으로 혈기가 왕성한 시기이기 때문이다. 그 시기가 지나면 점점 나약해지기 때문에 그것들을 떨쳐내기가 더욱 어려워진다. 그렇게 되면 마침내 우리는 그것들에 얽매여 여생을 보내게 될 것이다.

'자신에게 진실해져라.'

위대한 셰익스피어가 남긴 말이다. 그러나 내면에서 부정적이고 열등한 요소들이 자랄 때, 우리는 자신에게 진실해지기 어렵다. 자신의 결점을 남들에게 들킬까봐 노심초사하며 자신을 애써 포장하려고 하기 때문이다. 그리고 사람들의 판단에 연연하게 된다. 이 모두가 자신에게 떳떳하지 못한 탓이다.

우리 할아버지 세대에는 가산을 탕진했다가 어느 정도 성공해서 예전의 가세를 회복했을 때, 다시 좋은 평가를 받을 수 있었다. 그 시절에는 단순히 모은 재산이 얼마냐에 따라 평가가 엇갈렸다. 그렇지만 갈수록 '평가' 시스템이 복잡해지는 오늘날은 사정이 다르다. 지금은 다음과 같은 질문이 꼬리에 꼬리를 물고 이어진다.

"어디에서 살았나?"

"왜 그곳을 떠났지?"

"증명서를 가지고 있나?"

이윽고 우리는 지친 머리를 흔들며 그 자리를 떠나게 될 것이다. 예전과 달리 지금은 살아온 행적이 고스란히 남기 때문에 가식과 위선은 결국 들통나게 되어 있다. 그러므로 스스로에게 진실해져야 한다.

'자기 자신에게 진실해져라. 밤이 낮을 따르듯, 이 한 가지를 따르라. 그러면 남에게 거짓되지 않게 되리니.'

우리 자신을 객관적으로 평가하고 우리 자신에게 진실해질 때, 우리는 비로소 우리를 가로막는 장애물들을 넘어 우리가 원하는 바를 달성할 수 있을 것이다. 성공은 돈으로 좌우되지 않는다. 단순한 부의 축적이 성공한 삶을 살려는 의지를 말해주지 않는다. 무엇보다 몸과 마음이 건강할 때, 그래서 큰 소리로 오랫동안 웃을 수 있을 때, 진정한 성공에 이르는 길이 열린다.

우리 자신을 평가하고 우리 스스로 진실해질 때, 비로소 꿈을 실현하기 위한 힘찬 발걸음을 내디딜 수 있다. 우리 자신과 주변 사람들에게 정직한 것이 최선의 방책이라는 점을 명심하라. 그렇다면 준비는 다 된 것이다. 이제 활기차고 적극적으로 계획에 착수하는 일만 남았다.

우리는 통찰력을 발휘해야 할 시점에 와 있다. 이 통찰력과 함께 와야 할 것은 확고한 신념이다. 그렇지 않다면 우리가 머릿속에서 생각한 아이디어들에 대해 보잘것없는 것으로 여기면서 스스로 움츠러들지 모른다. 자신감을 가져야만 원하는 목적을 이룰 수 있다. 원대한 계획을 세우고 전력을 다해, 그리고 추진력 있게 그 계획을 밀고 나간 결과 원하는 목표를 달성한 사람들이 있다. 그러한 성공 사례를 접한 수많은 사람들이 이렇게 말했을지 모른다.

"나도 그런 생각을 했었는데!"

대다수 우리는 그 동안 모르고 지나치거나 간과했던 것들을 또 다른 누군가가 찾아내어 놀라운 기적을 이룬 글들을 읽으며 큰 자극을 받은 경험이 있을 것이다.

스스로 아이디어를 내서 눈에 띄는 성과를 거두는 사람들을 우리는 비범하다고 치켜세운다. 왜냐하면 적절한 시기에 적절한 생각을 하기 때문이다. 거기에 비범함과 평범함의 차이가 있다.

모든 사람에게는 원대한 포부가 있지만, 그 포부를 실현하는 사람은 극소수에 불과하다. 어떤 사람은 좋은 아이디어를 떠올리다가도 이내 자신의 상황에 한계를 느낀다.

"돈만 있다면 대박이 될 만한데."

'만약'이라는 생각을 하는 순간, 자신감은 약해

진다. 확고한 신념과 훌륭한 아이디어가 있다면, 남은 일은 후원자를 찾는 것이다. 포부를 뒷받침할 만한 기획력과 추진력을 갖추었다면, 후원자는 반드시 나타날 것이다. 반대를 두려워한다면, 이미 실패한 셈이나 다름없다. 용기가 부족하다면 아무리 하고자 하는 의지가 있어도 계획대로 추진하기는 어렵다.

그렇다면 건강한 몸, 건전한 정신, 올바른 목표 의식, 강한 추진력이 성공의 본질적 요소들임은 모두가 공감할 것이다. 그렇기 때문에 아무리 좋은 아이디어가 있어도 준비와 각오가 덜 되어 있다면, 그 아이디어를 성공적으로 구현하기는 어려울 것이다. 실패의 원인을 알려면 우리 자신을 좀 더 냉정하고 객관적으로 평가할 필요가 있다. 계획을 끝까지 밀고 나가기 위한 끈기와 추진력이 부족하지 않았나? 미리부터 안 좋은 결과를 상상하며 쉽게 움츠러들지 않았는가? 용기와 배짱이 부족했나? 그렇다. 우리는 우리 자신에 대한 확신이 없었다.

삶은 하나의 위대한 경험이다. 아무리 몸이 건강해도 삶의 승자가 되지 못하는 사람들의 경우, 그 원인을 대체로 마음 상태에서 찾을 수 있다. 기대에 어긋나는 일이 연거푸 일어난다 해도 웃으며 몇 번이고 다시 시작할 수 있다면, 실패한다고 해서 두려울 것이 무엇인가? 실패는 정도의 차이가 있을 뿐 우리 모두에게 찾아온다. 그러나 건강한 몸과 건전한 정신, 유쾌한 마음을 갖추는 것이 얼마나 중요한지를 깨달을 수 있다면, 우리는 실패를 딛고 일어나 언젠가 우리 스스로 원하는 삶을 살게 될 것이 분명하다. 영국의 대표적 시인인 테니슨Tennyson은 이렇게 말했다.

다채로운 음색의 맑은 하프 선율에 맞춰
노래하는 그와 함께
나는 진실로 받아들인다.
사람들은 자신의 죽은 자아들을 디딤돌 삼아 딛고
더 높은 곳을 향해 오르려 한다는 것을.

신정으로 성공한 사람들은 모두 건강하다. 그렇지

않다면 자신이 원하는 목표에 결코 도달하지 못했을 것이다. 감옥 안은 신경과민에 병약한 사람들로 가득하다. 나락으로 빠져들어 헤어 나오지 못하는 사람들 대부분이 만약 제때에 자기 자신을 냉정히 평가하고 자신에게 진정으로 필요한 것이 무엇인지 깨달았다면 스스로를 구원할 수 있었을 것이다. 사실 이들이야말로 성공의 본질적 요소들이 결핍된 사람들에게 일어날 수 있는 결과를 보여주는 예라고 할 수 있다.

삶에서 가장 필요한 것은 건강이다. 건강하기만 하다면 인간에게 불가능이란 없다. 그런데도 자신이 건강하다는 사실을 망각한 채 무기력에 빠진다면, 건강이 그 자체로 소진되어 결국 건강을 회복하지 못할지도 모른다. 무지한 주인의 무관심으로 말미암아 건강은 주인의 몸을 떠나고 만다. 약간의 에너지만으로도 우리 하루는 구원받을 수 있다. 약간의 원기만으로도 우리는 웃으며 살 수 있다. 마치 나침반 바늘이 자석에 달라붙듯, 웃음이 건강에 달라붙는다. 웃음은 평온한 영혼의 외적 표출이다. 그러한 영혼에서 웃음이 상쾌하고 즐겁게 샘솟는다.

우리 자신을 분석할 때, 우리는 두려움이 실패의 큰 원인이라는 점을 잊어서는 안 된다. 두려움이야말로 제일 먼저 버려야 할 것이다. 두려움은 극복이 가능한 마음 상태다. 하지만 두려움이 우리를 장악하기 전에 극복해야 한다. 두려움은 실패할지도 모른다는 생각과 함께 온다. 이러한 생각이 우리를 좀먹는다. 우리가 생각해야 하는 것은 성공의 가능성이다. 그러힌 생각과 함께 용기와 배짱이 생긴다. 그러기 위해 우리는 우리에게 영감을 주는 책을 읽고, 영감을 주는 그림을 보고, 영감을 주는 음악을 듣고, 영감을 주는 친구를 사귈 필요가 있다. 그리고 무엇보다도 긍정적으로 생각하고 행동하는 습관을 길러야 한다.

'그대 자신을 점검하라!'

이것은 우리가 반드시 기억해야 할 슬로건이다. 정기적으로 우리 스스로를 '점검'하고, 우리가 서 있는 곳이 어디인지를 확인하자. 자신의 약점을 두려워하지 말자. 우리가 지닌 약점들을 극복하기 위해서는 먼저 우리 자신을 객관적으로 평가해야 한다. 책이나 연극, 운동 등이 우리에게 좋은 영감을 제공해줄지 모른다. 우리 자신을 냉정히 분석할 때, 어떤 가식이나 미화 없이 우리를 있는 그대로 볼 수 있게 된다. 그리하여 우리가 앞으로 얻게 될 잠재적 기회들을 예측할 수 있다. 어둠 속을 헤매고 있을 때, 우리는 많은 기회를 잃게 된다. '자기 분석'은 우리가 어둠 속에서 낭떠러지에 빠지지 않도록 길을 비춰 주는 탐조등과 같다.

3장
자신감을 갖자!

젊은 시절에 얻은 자신감은 그 이후의 삶에 긍정적인 영향을 미친다. 새로운 무언가와 마주할 때마다 두려움 없이 용기 있게 맞서서 언제나 커다란 성공을 거둘 수 있게 된다는 의미가 아니다. 그보다는 자신의 기량을 충분히 발휘하고, 자신의 자아와 조화를 이루며, 자신이 중요한 존재임을 다른 사람들에게 각인시킬 수 있다는 의미다. 이러한 능력을 갖추기 위한 가장 빠르고 간단한 방법은 언제 어디서든 웃을 준비가 되어 있는 것이다.

자신감을 갖자!

젊은 사람들이야말로 젊다는 이유만으로 성공하기에 더없이 좋은 기회를 갖는다. 그렇다면 젊음을 영원한 자산으로 만드는 것은 어떤가? 단지 흰머리가 보인다고 해서 요양원으로 가야 한다고 생각하는 사람은 이제 거의 없다. 몇 살인지는 중요하지 않다. 그보다 무엇을 할 수 있는지가 중요하다. 젊은이들에게 창창한 앞길이 있다면, 좀 더 오래 산 사람들에게는 풍부한 경험과 지식이 있다. 만약 그들에게 젊은이의 기백이 있다면, 그들은 무기력에서 벗어나 스스로 원하는 삶을 살 수 있다. 한편 젊은이들에게 하고 싶은 말이 있다면, 우리 운명은 우리가 젊은 시절에 어떻게 행동하느냐에 크게 달려 있다는 것이다. 이 세상에는 성숙하고 사려 깊은 노인들이 필요하다. 그들은 풍부한 경험과 지식을 갖추었기 때문에 젊은이들을 올바른 길로 이끄는 역할을 해야 한다. 정신적, 육체적, 영적으로 바르게 성장할 수 있도록 말이다. 그러한 역할을 할 수 있는 노인들이 나이 때문에 불리한 대우를 받아서는 안 된다.

젊은이들이 가장 명심해야 할 점은 건강을 유지하는 것이다. 사실, 건강은 아무리 강조해도 지나치지 않을 만큼 매우 중요하다. 두 번째로 중요한 것은 우리 자신에 대한 확고한 믿음이다. 자신감 없이는 아무것도 해낼 수 없다.

우리는 우리 자신의 내적 자아와 조화를 이루며 살아야 한다. 그럴 때 자신감도 생긴다. 생각의 심연에 빠지는 것을 멈추고 자신을 예리한 눈으로 주시할 수 있게 된다. 바로 그것이다! 우리는 우리 자신을 속여서는 안 된다. 실패의 원인은 대부분 우리가 자신을 믿지 못하는 데 있다. 우리가 우리 자신을 의심하는 순간, 스스로 약점을 극복하지 못할 거라고 생각하는 순간, 우리는 깊은 낭떠러지로 떨어지게 된다. 의식하지 못하는 순간 그러한 결과가 일어난다. 그러나 세월이 흐르면서 우리는 스스로 자초한 결과를 자각하지 않을 수 없다. 결국 우리에게 남은 것은 우울하고 외로운 삶뿐이다. 그러한 원인은 모두 자신감 부족 탓이다! 안타깝게도 너무 늦기 전에 그 사실을 깨닫지 못했다. 우리는 자신의 가능성을 의심하며 제멋대로 구는 동안 소중한 인생을 낭비하고 있었다.

중년 이후에 만족스럽지 못한 삶을 살고 있다면, 그 원인의 대부분은 젊은 시절 자아실현을 위한 노력을 게을리 했기 때문이다. 중요한 선택의 갈림길에서 결단을 내리는 일을 미루었을지 모른다. 만약 우리가 우리 자신을 정확히 알았다면, 우리는 자신에게 이로운 길이 무엇인지를 비교적 쉽게 결정할 수 있었을 것이다. 바로 그때가 인생의 활로를 개척할 수 있는 좋은 때다. 낙관적인 태도와 무엇을 하고자 하는 의지가 아이의 웃음 혹은 새의 지저귐만큼 자연스럽게 생겨나는 때다. 세상이 밝고 아름답게 보이며, 성공이 길 모퉁이 너머에서 우리를 기다리고 있는가 하면 실패를 통과의례처럼 자연스럽게 받아들일 수 있는 때다. 우리에게 주어진 문제 속으로 과감히 뛰어들어 직접 헤쳐 가는 과정에서 진심 어린 웃음을 지을 수 있는 때다. 자신감에 찬 사람에게 세상이 얼마나 호의적인지를 알면 매우 놀라게 될 것이다. 세상은 기꺼이 그를 믿고 자금을 지원해줄 것이며, 힘닿는 데까지 도움을 주려고 할 것이다. 웃음 지을 수 있는 사람은 반드시 성공한다. 웃을 수 있는 사람은 자기 자신을 믿는 사람이기 때문이다.

강한 의지와 열정으로 무장한 채 힘찬 발걸음을 내디딜 때, 우리에게 좌절은 없다. 무엇이든 비관적으로 생각하고 걱정부터 앞서고 자기 자신에 대해 확신이 없는 사람은 결코 원하는 목적을 이룰 수 없다. 늘 의심과 두려움 속에서 비관적으로 생각하는 사람이 목적을 달성하는 예는 매우 드물다. 인생을 긍정적이고 낙관적으로 사는 사람들에 비해 그들의 가치는 보잘것없다. 실제로 그들이 성공할 가능성은 극히 희박하다. 그러한 사람들은 우리가 본받을 만한 부류가 아니다. 우리는 우리의 비전을 실현하기 위해 앞으로 발을 내디뎌야 한다. 주춤하며 움츠러들어서는 안 된다.

이른 출발의 이점은 우리가 젊을 때 충분히 그 젊음의 혜택을 누리면서 두려움 없이 성공을 향한 발판을 차근차근 마련할 수 있다는 점이다. 아직 늦지 않았다면 처음부터 무리할 필요는 없다. 일부러 대담해질 필요는 없지만, 우리에게 주어진 혜택들을 적극 이용할 필요는 있다. 그러기 위해서는 냉철히 자기 자신을 점검하는 것이 중요하다. 그 결과 균형감과 품위, 유연함을 갖출 수 있으며, 이러한 인성들은 우리가 극단으로 치우치지 않도록 도와준다.

일단 출발을 했다면, 정기적으로 자신을 점검해야 한다. 그래야 자신이 지금 서 있는 곳이 어디인지, 자신이 올바른 방향으로 가고 있는지를 확인할 수 있기 때문이다. 그러나 우리가 간과해선 안 되는 것이 있다. 우리가 그런 과정에서 정말로 좋아하는 일을 발견하고 그 일에 매진한다면 더없이 즐거운 일이지만, 그렇다고 해서 사람들과의 관계, 특히 사랑하는 사람들과의 관계를 소홀히 해서는 안 된다. 만약 일의 성공이 인간관계의 소홀을 부른다면, 이는 곧 행복의 적신호가 될 것이다. 반쪽짜리 성공이 아닌 온전한 성공을 누리기 위해서는 일 못지않게 가족, 연인, 친구와의 관계도 소중히 여길 필요가 있다. '자신의 영혼을 잃은 마당에 온 세상을 가졌다 한들 무슨 소용인가?'

지금까지 한 말을 요약해보면, 성공하기 위한 결심이 섰고 어떻게 해야 할지 결정했다면, 다음 단계는 행동하는 것이다. 건강은 행동과 동격이다. 건강한 사람은 행동한다. 반면 건강하지 않은 사람은 주저한다. 행동할 준비가 되었을 때, 우리는 승리자의 태도로 행동할 것이다. 자신감을 얻으려면 자신감 있는 태도로 행동해야 한다. 성공한 사람은 자신이 옳다는 것을 아는 사람이며, 그 점을 우리에게 일깨우는 사람이다.

성공의 비결이 무엇인지는 주변 사람들을 살펴봐도 알 수 있다. 우울하고 비관적이고 초조해 보이는 사람들을 보라. 그들은 앞으로도 결코 성공에 이르지 못할 것이다. 그와 반대로 자신감에 차 있고 긍정적인 사람들은 자신에게 오는 절호의 기회를 놓치는 법이 없으며, 실패했다고 해서 좌절하기보다 웃을 수 있는 힘을 지녔다. 다른 사람들이 안 될 거라고 포기할 때도 이들만은 쉽게 물러나지 않고 최선을 다함으로써 원하는 결실을 맺는다.

실패자들과 면담하다 보면, 모두가 하나같이 똑같은 변명을 하는 걸 알 수 있다. 바로 '자신이 없다'는 것이다. 정확히 그렇게 말하지 않았다 해도, 표현만 다를 뿐 의미는 같다. 그들은 자신을 불신하며 인생을 낭비하고 있다. 그러한 원인은 자신을 객관적으로 평가하고 자신의 가능성을 진지하게 검토하는 과정인 자기 성찰을 하지 않은 데 있다.

자기 성찰을 하지 않았기 때문에, 그들이 성공하는 데 어려움을 느끼는 것은 어찌 보면 당연하다고 할 수 있다. 우리가 우리 자신을 정확히 안다면, 우리는 더욱 강해질 것이다. 왜냐하면 우리의 약점이 무엇인지를 깨닫고 그 약점을 보완하기 위해 노력할 것이기 때문이다. 이로써 두려움을 극복할 수 있다. 게다가 우리의 가능성과 역량이 어느 정도인지를 파악하게 될 것이다. 위대한 바이올리니스트가 악기의 상태를 점검하지 않고 무대에 오르는 일은 상상조차 할 수 없다. 하지만 실패자들은 자신의 장점과 약점이 무엇인지를 전혀 알지 못한 채 삶의 무대에 오른다. 그러고도 성공하기를 기대하는 것은 얼마나 어리석은가!

성공하길 원한다면, 성공을 늘 생각해야 한다. 실패할 거라는 부정적인 생각은 떨쳐버리자. 성공은 다른 무엇만큼이나 자연스럽다. 단지 마음의 문제다. 우리는 할 수 있다는 자신감을 갖는 한 결코 실패자가 될 수 없다. 자기비하는 병이다. 그 병이 우리 마음을 지배할 때, 우리는 어떤 것도 이룰 수 없다!

그래서 조금 더 젊을 때 성공을 위한 발걸음을 내딛는 것이 중요하다. 그 과정에서 축적된 경험들이 귀한 자산이 되어 우리 마음을 더욱 강하게 만들어주기 때문이다. 남보다 더 훌륭한 사람은 재산이 더 많은 사람이 아니라 마음과 몸이 건강한 사람이다. 건강한 마음은 건강한 몸을 만든다. 지금까지 이뤄진 많은 연구가 이 점을 증명해왔다.

외모는 이 세상에서 중요하게 여겨진다. 우리는 사람을 평가할 때 주로 외모를 먼저 본다. 모든 사람을 개인적으로 깊이 알 수 없기 때문에 사람을 평가할 때 인상이 중요한 역할을 한다. 고개를 푹 숙이고 얼굴을 찡그리며 사무실 안으로 들어오는 회사 동료는 결코 우리가 가깝게 지낼 만한 사람이 아니다. 그의 축 처진 어깨 너머로 밝은 표정을 지으며 당당히 걸어오는 다른 동료에게 눈길이 가는 것은 당연하다.

젊은 시절에 얻은 자신감은 그 이후의 삶에 긍정적인 영향을 미친다. 새로운 무언가와 마주할 때마다 두려움 없이 용기 있게 맞서서 언제나 커다란 성공을 거둘 수 있게 된다는 의미가 아니다. 그보다는 자신의 기량을 충분히 발휘하고, 자신의 자아와 조화를 이루며, 자신이 중요한 존재임을 다른 사람들에게 각인시킬 수 있다는 의미다. 이러한 능력을 갖추기 위한 가장 빠르고 간단한 방법은 언제 어디서든 웃을 준비가 되어 있는 것이다. 다시 말해 오로지 사람들 앞에서만 웃을 수 있어서는 안 된다. 진심어린 웃음, 혹은 거리낌 없는 웃음은 겉치레로 하는 것이 아니다. 진짜 웃음과 가짜 웃음을 우리는 쉽게 구별할 수 있다. 진정한 웃음은 순수한 자신감 그리고 건강한 몸과 마음에서 자연스럽게 샘솟는다. 제때에 웃을 수 있을 때 비로소 우리는 진정한 승리감과 환희를 만끽할 수 있다.

스스로 웃을 수 있는 능력을 상실했다면, 우선 부정적인 생각을 떨쳐버리려고 노력하자. 우리는 우리 몸이 얼마나 건강한지를 망각하고 있다. 우울한 생각을 멈추고 탁 트인 곳으로 나가 신선한 공기를 마시자. 가능하면 자연을 가까이에서 느낄 수 있는 곳으로 가자. 거리를 달려보자. 나무 한 그루를 보고 올라가고 싶다는 생각이 든다면, 기꺼이 올라가라. 이웃 사람들이 우리에게 무슨 말을 하든 예민하게 받아들일 필요가 전혀 없다! 우리는 아무 거리낌 없이 마음껏 뛰놀 수 있다. 이웃 사람들이 자신의 소중함을 깨달았다면 기꺼이 우리처럼 행동하고 싶어 했을 것이다. 우리가 이 사실을 안다면, 그들의 의견을 두려워했던 우리 자신을 향해 웃게 되리라. 우리의 건강한 몸과 마음을 분명 그들은 부러워할 것이다.

4장

그럼에도 경험해보라!

삶의 문턱에 선 젊은이는 경험 부족 때문에 불확실한 미래에 대해 조금 두려움을 느낀다. 그래서 성공한 선배들을 귀감으로 삼거나 무일푼으로 성공한 사람들의 수기를 읽기도 한다. 자연스럽게 그들 중 한 명을 만나 직접 조언을 듣고 싶은 맘이 생길 것이다. 그러나 굳이 그럴 필요는 없다. "적극적으로 행동하고 되도록 많이 경험하라. 그 경험들에서 많은 것을 얻을 수 있다." 그들이 할 수 있는 조언은 이것이 전부라 해도 과언이 아니다.

그럼에도 경험해보라!

경험은 직접 몸으로 부딪쳐야 온다. 무엇이든 직접 부딪지 않고는 경험할 수 없다. 몸을 일으켜 무언가를 하고 있다면, 잇따라 경험을 하게 된다. 경험하는 동안 때때로 어려운 고비에 처하기도 한다. 어떤 경험은 단순해서 이해하기 쉽지만, 또 어떤 경험은 이해하기 힘들 정도로 복잡하다.

사람들은 두 부류로 나뉜다. 경험을 발전의 밑거름으로 삼는 사람과 그렇지 못한 사람이다. 후자는 경험의 가치를 간과한 대가로 인생에서 큰 손해를 볼 수밖에 없다.

목표 의식이 뚜렷하고 뛰어난 기량을 갖추었으며

자기 자신을 정확히 아는 사람은 마치 창을 통해 보듯 경험을 통해 그 너머에 있는 무언가를 매우 분명히 볼 수 있다. 창이 뿌옇더라도 창 너머에 무엇이 있는지를 안다. 자신감 있고 당당한 사람은 경험을 통해 귀중한 무언가를 배운다. 반면 자신을 불신하고 기량이 부족하며 두려움부터 먼저 느끼는 사람은 방관하고 서서 다른 사람에게 길을 내준다. 그러면서도 그들은 자신에게 좀처럼 기회가 오지 않는다며 불만을 터뜨린다.

여러 차례 중요한 결단을 내리는 과정에서 고심을 해본 경험이 있는 사람은 그러는 동안 자기 자신을 철저히 점검한다. 그렇기 때문에 앞으로 어떤 난관에 부딪혀도 슬기롭게 헤쳐 나가는 법을 터득한다. 그리고 모든 길에는 굴곡이 있음을 잘 안다. 그 순간에는 그 사실을 깨닫지 못할지도 모른다. 또한 그 굴곡이 어디에 있는지도 모를 수 있다. 하지만 그는 두려워하지 않는다. 장애물이 앞을 가로막는다 해도 계속 앞으로 나아갈 것이기 때문이다. 걷고 나아가다보면 어느새 장애물을 넘어 원하는 목적지에

도달하리라고 확신한다.

자기 자신을 믿기 때문에 그는 평범한 사람들과 구별된다. 역사상 많은 위인들이 여러 번 난관에 부딪혔지만, 그 난관을 잘 헤쳐 나간 덕분에 결국 위대한 결실을 맺을 수 있었다. 성공할 수 있었던 원동력이 무엇인지는 그들 자신도 정확히 설명하지 못한다. 왜냐하면 경험을 두려워하지 않는 용기와 배짱을 갖추었지만, 그런 인성을 그들 자신도 의식하지 못하기 때문이다. 그렇더라도 경험을 발전의 밑거름으로 삼으려는 태도가 무슨 일이든 진취적으로 해낼 수 있게 한다는 점에 대해서는 기꺼이 동의할 것이다. 그들은 기회가 언제 어디서든 자신에게 올 수 있다는 점을 알기에 주위를 잘 살핀다.

삶의 문턱에 선 젊은이는 경험 부족 때문에 불확실한 미래에 대해 조금 두려움을 느낀다. 그래서 성공한 선배들을 귀감으로 삼거나 무일푼으로 성공한 사람들의 수기를 읽기도 한다. 자연스럽게 그들 중 한 명을 만나 직접 조언을 듣고 싶은 맘이 생길 것이다. 그러나 굳이 그럴 필요는 없다. "적극적으로 행동하고 되도록 많이 경험하라. 그 경험들에서 많은 것을 얻을 수 있다." 그들이 할 수 있는 조언은 이것이 전부라 해도 과언이 아니다. 경험하지 않는 한, 경험으로 무언가를 얻을 수 있는 방법은 없다. 그러므로 적극적으로 움직여야 한다. 경험은 빨리 받아들일수록 빨리 찾아올 것이다. 우리 임무는 성공하기 위해 노력하는 것이다. 차근차근 앞으로 나아가라. 그렇지 않고는 성공할 수 있는 방법은 없다. 편법은 우리를 망치는 길이다. 큰 운이나 거액의 돈으로 빠르게 달성한 성공은 그 사람의 지속적인 가치가 될 수 없다.

자신감은 외부에서 오지 않는다. 내면에서 자연스럽게 샘솟아야 한다. 그러기 위해 건강한 몸과 마음이 필요하다. 이 사실을 염두에 두고 첫발걸음을 내딛는 젊은이는 남보다 유리한 위치에서 시작할 수 있다. 가난과 실패는 경험의 가치를 간과한 결과다. 걱정, 불안, 두려움, 통찰력 부족 등은 모두 경험 부족에서 온다.

경험을 하려면 건강해야 한다. 그러나 많은 사람들이 건강의 소중함을 망각하고 건강을 돌보는 일에 소홀하다. 경험하는 동안 무언가를 배우고 그 배움이 밑거름이 되어 한 단계 더 발전할 수 있다면, 지금 우리에게 필요한 것은 활기찬 에너지다. 그래야 계속 앞으로 나아갈 수 있다. 언제든 활기찬 에너지를 발휘할 수 있어야 한다. 에너지는 난관에 부딪힐 때마다 우리를 다시 일어서게 하는 힘이 된다. 새로운 경험들은 우리를 앞으로 나아가게 하며, 과거의 경험들은 우리가 필요 없는 짐을 덜도록 도와준다. 경험은 우리에게 이 시점에서 무엇을 해야 할지를 말해준다. 게다가 우리가 곤경에 처할 때면 발 벗고 나서서 한몫 거든다.

우리 내면에는 스스로 의식하지 못하지만 거대한 힘이 잠재되어 있다. 오직 경험만이 그 힘을 바르게 이끌어낼 수 있다. 그렇지만 경험이 부족하면, 넘쳐나는 에너지가 오히려 해가 될지 모른다. 특히 경험하길 주저하는 젊은이라면, 어른의 신중한 지도가 필요하다. 늦게까지 인생을 허비하는 것이 얼마나 가치 없는 일인지, 미래에 어떤 악영향을 미치는지에 대해 조언을 주어야 한다. 잠재된 에너지를 효과적으로 발휘할 줄 모르는 많은 젊은이들이 경험의 가치를 간과한 채 인생을 무의미하게 낭비하고, 그 결과 스스로를 다스리지 못할 지경에 이르러 마치 도살장에 끌려가는 어린 양과 같은 신세로 전락한다. 그런 신세를 한탄하면서도 열심히 노력해서 처지를 바꿀 생각을 하기보다 술집을 전전하며 그저 현실을 도피하려고만 한다.

잠재된 에너지를 효과적으로 발휘하기 위해서는 꾸준한 훈련이 필요하다. 그렇게 하다보면 기대 이상의 더 큰 에너지를 발휘할 수 있다. 처음에는 이 말이 억지스럽게 들릴지도 모른다. 만약 그런 생각을 한다면, 그동안의 경험을 발전의 밑거름으로 삼지 않았다는 증거다. 더 늦기 전에 자신의 잠재된 가치와 역량을 분석할 필요가 있다.

결국 경험이 풍부한 사람만이 기회를 잘 활용할 수 있다. 많은 경험을 하면서 실패가 우리에게 미치는 영향이 단지 피상적이라는 점을 깨닫는다면, 실패를 두려워할 이유가 없다. 그러므로 자신의 역량을 200퍼센트, 심지어 300퍼센트까지 발휘할 수 있다. 아직 젊다 해도 새로운 경험을 마다하지 않고 직접 몸으로 부딪치면서 자신의 역량을 길렀다면, 인생의 선배들 못지않게 실질적인 기회를 많이 잡을 수 있다. 인생에서 처음으로 하는 큰 경험은 우리를 발전시킨다. 우리는 이 경험에 대비해 미리 준비해야 한다. 실패하더라도 씩씩하게 다시 일어설 수 있는 결의를 다져야 한다. 실패가 결코 끝을 의미하지 않기에 좌절은 금물이다!

우리는 실패를 겪더라도 다시 일어설 것이다. 죽은 사람을 매장하는 데 걸리는 시간보다 더 오래 걸리지 않을 것이다. 시작은 자연스럽고 순조롭게 이루어질 것이다. 거기에 원망도, 좌절도 없다. 실패의 파장이 크더라도 기꺼이 책임을 지고 다시 자기 자리로 돌아갈 것이다. 우리는 앞으로 나아갈 것이고, 줄곧 나아가는 한 결국 원하는 목적지에 다다를 것이다.

여러 경험 속에서 시행착오를 겪으며 우리가 얻게 되는 값진 교훈은 그것이다. 실패는 성공의 어머니다. 모터를 다루는 전기기사는 처음에 일이 서툴러 여러 번 기계를 망가뜨리는 실수를 저지른다. 그러나 실수하는 과정에서 틀림없이 무언가를 깨닫게 될 것이고, 몇 년간 열심히 공부해 마침내 그 분야의 지식과 기술을 숙달할 것이다. 그 결과 모터를 다루는 일이 그에게는 알파벳을 외는 것만큼 쉽고 간단해진다.

세상에는 경험으로 배워야 하는 것들이 있다. 우리 안에 잠재된 에너지를 깨워 효과적으로 발휘하기 위해서는 한 가지 방법밖에 없다. 바로 경험하는 것이다.

그런데 많은 사람들이 자신의 숨은 역량과 가능성을 전혀 모른 채 살아간다. 그렇기 때문에 그들은 앞으로 나아갈 수 없다. 그들을 구원할 수 있는 것은 오로지 경험뿐이다. 많은 경험 속에서 시행착오를 겪는 동안, 그들에게 용기와 상식과 결의가 있다면,

그들은 이윽고 더 나은 모습으로 발전하게 될 것이다. 그 무엇도 그들이 결실을 이루는 데 방해가 되지 못한다.

5장
어째서 모두가 성공하지 못하는 걸까?

성공한 사람들은 주어진 일을 하는 동안 늘 무언가가 자신에게 "너는 할 수 있어!"라며 힘을 불어넣어준다고 말한다. 그것이 정확히 무엇인지 그들도 잘 모를지도 모른다. 다만 분명한 사실은 그들이 그것을 소유했다는 것이다. 그들은 '할 수 있다'는 신념 아래 다른 사람들에게 불가능해 보이는 일들을 훌륭히 해냈다.

어째서 모두가 성공하지 못하는 걸까?

성공하기 위해 필요한 전제조건들은 많지만, 무엇보다 기본적으로 가장 중요한 한 가지가 있다. 성공한 사람들은 주어진 일을 하는 동안 늘 무언가가 자신에게 "너는 할 수 있어!"라며 힘을 불어넣어준다고 말한다. 그것이 정확히 무엇인지 그들도 잘 모를지도 모른다. 다만 분명한 사실은 그들이 그것을 소유했다는 것이다. 그들은 '할 수 있다'는 신념 아래 다른 사람들에게 불가능해 보이는 일들을 훌륭히 해냈다. 굳은 결의는 한번 내면화되면 쉽게 약해지거나 무뎌지지 않는다. 이 내적 결의를 이루는 요소는 에너지다. 내면의 에너지가 우리 몸을 지배한다. 그런데 이 에너지는 어디에서 오는가? 어떻게 에너지가 발휘될 때 결의가 생기는가? 에너지는 건강한 몸에서 생긴다. 따라서 건강을 유지할 때, 무언가를 꼭 이루겠다는 굳은 결의도 생긴다.

이 책을 처음부터 읽었다면, 젊은이가 성공의 첫발을 내딛기 위해서는 넓고 관대한 시각과 좋은 기량, 건전한 마음을 갖추어야 한다는 점에 대해 동의할 것이다. 게다가 경쟁이 심한 세상에서 성공하기 위해 무엇을 해야 하는지에 대해서도 이제 나름의 결론을 내렸을 것이다. 이러한 인식은 매우 중요하며, 직접 몸으로 부딪쳐 경험해야 스스로 발전할 수 있다는 점을 우리는 깨닫기 시작하고 있다.

에너지는 건강한 몸에서 자연스럽게 넘쳐난다. 에너지는 잘 다스려져야 한다. 활기찬 에너지는 성공한 삶을 위한 필수 조건이다. 에너지는 잘 발휘할수록 점점 커지며, 넘치는 에너지는 그 사람의 자연스러운 특징이 된다. 그러나 수년 동안 에너지를 효과적으로 발휘하는 데 소홀했다면 이야기는 달라진다. 잠재된 에너지를 방치하고 건강이 악화될 때까지 건강을 돌보지 않았다면, 우리 내면의 에너지는 점점 약해질 것이다. 내면의 에너지는 어떻게 다루느냐에 따라 더 강해지기도 하고 약해지기도 한다. 그렇기 때문에 자신을 소중히 돌보고 숨겨진 가능성과 역량을 적극 키워야 한다. 그래야 내면에 잠재된 무한한 에너지를 최대한 발휘할 수 있다. 그런데 어째서 모두가 성공하지 못하는 걸까? 물론 어느 정도까지는 성공에 이를 수도 있다. 하지만 돈이라는 세속적인 관점에서 모두가 똑같이 부를 획득해야 한다는 의미는 아니다.

"어째서 모두가 성공하지 못하는 걸까?"하고 질문을 던질 때, 세상사람 모두가 권력이나 지위 혹은 돈에 탐을 내야 한다는 것을 의미하지 않는다. 우리 자신이 이기주의자가 되어 남의 것을 모두 빼앗아야 한다는 의미가 아니다. 오히려 우리가 원하는 길을 활기차게 걸어가며 그 속에서 행복을 찾는 삶이야말로 성공한 삶을 의미한다.

2장에서는 자신을 냉정히 '평가' 해야 하는 필요

성을 역설했다. 그 과정을 거칠 때 성공을 향해 더 가까이 다가갈 수 있다. 건강한 몸과 마음 그리고 웃을 수 있는 힘이 얼마나 중요한지를 깨닫고 활기차게 웃으며 살기 위해 조금씩 노력한다면, 그리고 이러한 노력이 언젠가 결실을 맺는 날이 온다는 걸 안다면, 우리는 자신을 평가하는 과정에서 얻은 힘을 적극 이용해야 한다. 이러한 힘이 낭비되도록 방치해서는 안 된다.

에너지는 증기와 같다. 증기는 끓는점 아래에서 발생하지 않는다. 다시 말해 열의가 없을 때, 에너지는 밖으로 표출되지 않으며 행동의 실질적인 원동력이 되지도 않는다. 에너지를 모으기 위해서는 활동적이 되어야 한다. 그와 더불어 자신감도 필요하다……. 더 유쾌해지라. 자신에 대한 믿음이 커질수록 내면에서 더 큰 에너지가 나온다. 본래 타고나기를 자신감이 넘치는 사람들이 있다. 이들은 복받은 사람들이다. 성공의 첫발을 내딛기 전에 자신을 객관적으로 분석하는 과정을 거침으로써 실패를 두려워하지 않고 당당히 앞으로 나아가는 사람들이다. 그들에게 성공은 통나무를 굴리는 일처럼 아주 쉽다. 그들은 자기 자신을 믿고 꾸준히 자신의 길을 걸어간다. 결코 희망을 버리지 않으며 자신의 내면과 조화를 이루는가 하면 만약을 대비해 언제나 준비된 자세를 보인다. 또한 경험을 두려워하지 않고, 먹구름이 낄 때도 웃을 수 있는 힘을 지녔다.

이들이 특별한 능력을 갖추었다는 말이 결코 아니다. 만약 그렇다면, 성공한 삶을 주제로 한 이런 책을 쓸 이유도, 읽을 이유도 없을 것이다. 한마디로 시간 낭비일 테니. 모두에게 잠재적으로 성공할 가능성이 있다는 점에 대해 회의적이라면, 이 주제에 대해 더 이상 관심을 가질 필요도 없을 것이다. 그러나 사실 성공 비결은 그리 어렵거나 복잡하지 않다. 건강한 몸에서 활기찬 에너지가 생기고, 활기찬 에너지는 자신감과 웃음으로 이어진다. 유쾌한 삶은 성공한 삶과 동격이라고 해도 과언이 아니다. 게다가 이런 요소들이 서로 긍정적인 영향을 미치기 때문에 성공이 성공을 낳는 선순환이 거듭된다. 우리 안에 잠재된 에너지를 깨우라. 무한한 가능성을 발휘할 수 있는 기회는 누구에게나 있다. 다시 말해 탁 트인 곳으로 가서 신선한 공기를 마시고 적당한 운동을 하며 건전한 시각으로 삶을 바라보고 자기 자신을 믿을 때, 우리는 웃음과 성공으로 이어지는 삶을 사는 건강한 존재가 된다.

삶의 모든 것이 인간의 감정과 유사한 요소들을 포함한다. 모든 자연이 그러하며, 우리는 그런 자연의 일부임을 잊지 말아야 한다. 오로지 우리 자신을 위해서만 모든 것을 판단하고 지배하려고 해서는 안 된다. 웃으며 사는 법을 배울 때 우리 앞에 펼쳐지는 많은 바람직한 일들이 있는데, 그중 하나가 바로 좋은 활력이다. 그리하여 우리는 진정으로 살아 숨쉬게 된다! 우리가 웃는 법을 배우지 않는다면, 우리는 제대로 사는 법을 배우지 못할 것이다.

그런가 하면 우리가 받아들인 좋은 에너지를 잘 발휘할 수 있어야 한다. 전기가 남용되듯이 에너지도 좋지 않은 목적으로 사용될 수 있다. 따라서 우리 안에 잠재된 에너지를 이끌어내어 — 포부를 달성하기 위해, 원만한 인간관계를 위해, 인생의 즐거움을 누리기 위해 발휘해야 한다. 우리는 무슨 일에든 적극적으로 임해 스스로 기준을 세울 수 있어야 한다. 다른 사람이 먼저 길을 열기를 기다리지 말고 앞장서서 나아가야 한다. 우리의 열정을 마음껏 발휘하자. 열정을 기울일수록 열정은 더욱 커지며 성취감 또한 커질 것이다.

열정은 내면의 에너지에서 생긴다. 따라서 열정의 크기는 우리가 발휘하는 에너지의 크기에 비례한다. 그렇다면 우리 안에 내재된 에너지를 어떻게 하면 잘 다스려 효과적으로 발휘할 수 있을까? 건강한 몸에서 활기찬 에너지가 생긴다는 점에 대해 이제 모두 동의할 것이다. 적당한 운동과 건전한 사고, 진실한 목적, 이 삼박자를 고루 갖출 때, 우리 몸 안에서 긍정적인 에너지가 생긴다. 주위를 바라보라. 우리가 얼마나 건강한 존재인지를 깨닫게 될 것이다. 우리 마음은 제대로 작동하고 있고, 새로운 자각으로 눈뜬 자신감은 이미 우리의 본질적 인성이 되어 밤낮으로 우리와 함께 있다. 마치 배의 선교船橋

위를 떠나지 않는 선장처럼. 진정으로 우리는 우리의 길을 가고 있다!

에너지와 열정에서 또 하나가 생겨난다. 그것은 인생에서 매우 중요한 요소이기 때문에 결코 소홀히 다루어져서는 안 된다……. 그것이 몸에 배게 하려면 처음에 적절한 훈련이 필요하다……. 그것은 바로 웃음이다. 에너지와 열정이 넘칠 때 우리는 웃고 싶어진다. 달리고 뛰고 춤추고 노래하고 싶어진다. 그럴 때 주저하지 말라. 당장 밖으로 나가 신선한 공기를 마시며 마치 어린아이처럼 마구 달려보라. 도랑을 넘고 담을 뛰어넘고 팔을 마구 흔들며 힘차게 걸으라! 욕구를 거스르지 말고 자연과 함께 하라. 웃음을 억누르지 않는다면, 웃음은 저절로 우리의 본성이 될 것이다. 그리고 아침에 일어날 때, 거리낌 없는 웃음으로 하루를 맞으라. 그대가 지금 살아 있다면 웃으라. 모든 것과 함께 웃으라. 모든 억압에서 벗어나라. 내면의 자아가 자유로워질 때, 무한한 잠재력을 발휘할 수 있다!

웃음의 힘을 믿을 때, 날마다 의미 있는 하루를 보내게 되리라. 모든 가능성이 열리게 될 것이다.

6장
인격을 꾸준히 수양하자!

사람에게는 누구나 인격이 있다. 다만 정도의 차이가 있을 뿐이다. 그렇기 때문에 누구를 업신여기거나 함부로 대해서는 안 된다. 한편 인격을 수양하는 노력을 게을리 해서도 안 된다. 우리의 인격이 도토리라면, 튼튼한 참나무로 발전시켜야 한다. 인격은 겉으로 나타나는 우리 자아다. 인격을 수양해 자신의 약점을 극복한다면, 자아는 더 강해질 것이다.

인격을 꾸준히 수양하자!

인간의 가장 위대한 자산으로 인격이 점점 더 그 진가를 발휘하고 있다. 사람에게 인격이 없던 때는 단 하루도 없었다. 그러나 과거에는, 그러니까 우리의 아버지들이 젊은 시절이었을 때만 해도 인격의 중요성은 크게 부각되지 않았다. 예를 들어 '비범한 사람' 이라거나 '큰 인물' 혹은 '대인배', '군계일학' 과 같은 표현을 주로 썼다. 인격이 인성에 도덕적이고 지적인 요소가 결합된 개념으로, 도덕적 행위와 자율적 판단의 주체로서 큰 가치를 부여받기 시작한 것은 그리 오래지 않다. 현재까지 대다수가 받아들이는 인격의 정의는 그러하다.

사람에게는 누구나 인격이 있다. 다만 정도의 차이가 있을 뿐이다. 그렇기 때문에 누구를 업신여기거나 함부로 대해서는 안 된다. 한편 인격을 수양하는 노력을 게을리 해서도 안 된다. 우리의 인격이 도토리라면, 튼튼한 참나무로 발전시켜야 한다. 인격은 겉으로 나타나는 우리의 자아다. 인격을 수양해 자신의 약점을 극복한다면, 자아는 더 강해질 것이다.

인격이 함양될 때 우리의 근간은 튼튼해진다. 이 근간 위에 발을 디디고 똑바로 서 있어야 침착하고 여유 있게 삶과 마주할 수 있다. 몸과 마음이 건강하고 활기찰 때라야 무엇을 달성하는 데 있어서 한계란 없다.

사실 인격 수양을 논하기에 앞서 인격에 대해 정확히 인식할 필요가 있다. 키가 작고…… 체격이 왜소하며…… 외모가 보잘것없는 사람이나 남들보다 두드러지게 큰 키 때문에 놀림감이 될 수 있는 사람의 경우, 그 사람의 인격은 어떨 것이라고 생각하는가? 천하를 호령하던 나폴레옹의 키는 160센티를 넘지 않았고, 링컨은 190센티미터에 이르렀다. 인격이 높은 사람은 죽는소리를 거의 하지 않는다. 강한 의지와 신념으로 외적인 한계를 당당히 극복한다. 눈에 보이지 않는 마음이 눈에 보이는 모든 것을 압도

한다. 알렉산더 포프*는 임종이 다가오는 순간까지도 침대에서 줄곧 글을 썼다. 미국의 작가 마크 트웨인은 살날이 얼마 남지 않았을 때도 친구들과 농담을 즐겼다.

인격은 사람의 마음을 끈다. 높은 인격은 친구의 마음을 움직이고 적의 마음에 두려움을 불러일으킨다. 가냘픈 여자였던 잔 다르크는 군대의 선두에서 전쟁을 승리로 이끌었다. 역사를 거슬러 올라가면 적군에게 패하기 일보 직전 지도자의 뛰어난 리더십으로 전세가 역전되는 사례가 무수히 많다. 이러한 지도자들의 공통점은 바로 부하들의 존경을 받을 만한 인격의 소유자라는 점이다.

건전한 인격은 자신을 육체적, 정신적, 영적으로 풍요롭게 하는 자기 계발의 달성이다. 그러나 모든 인격이 건전하지는 않다. 마음이 사악한 사람에게도 인격은 있기 때문이다. 따라서 모든 인격이 세상에 이로움을 주는 것은 아니다. 여기서 말하는 인격은 오로지 건전한 인격에 한한다. 그러한 인격을 소유한 사람의 목표 또한 건전하다. 진지하고 자신감 있게

---

* 알렉산더 포프(Alexander Pope 1688~1744)_ 영국의 시인.

준비하는 삶을 살지 않는다면, 인격은 결코 완성될 수 없다. 인격은 많은 성품들로 이루어져 있으며, 그 구성은 사람마다 다르다. 인격을 완성하기 위해서는 꾸준한 수양이 필요하다. 인격은 장터에서 쉽게 구입할 수 있는 물건이 아니다. 꾸준히 수양할 때 인격은 서서히 더 높은 경지로 올라가며, 우리 자신의 자연스러운 됨됨이가 된다.

인격이 완전해지려면 육체적 · 정신적 · 영적인 영역을 모두 돌봐야 한다. 만약 육체적 균형을 무시한다면, 정신적 균형은 물론 영적인 균형 또한 깨질 수 있다. 인격을 꾸준히 수양해야 하는 이유는 바로 여기에 있다. 하지만 뚜렷한 목표 의식, 구체적인 계획, 강한 의지력으로 삶을 살아간다면, 인격은 자연스럽게 건전한 상태로 유지된다. 우리는 건전한 인격을 자아의 본질적인 특징으로 만들어야 한다.

그렇다면 왜 불완전한 인격에 스스로 만족해야 하는가? 불완전한 인격은 우리에게 나쁜 영향을 미칠 뿐이다. 사람들은 이렇게 말한다. "그 사람은 다 좋은데……." 어쩌면 게으르거나 결단력이 약하거나 우월감에 빠져 있을지 모른다. 이런 인격적 결함을 빨리 극복해야 한다.

건전한 인격을 갖춘 사람은 열등한 사람들의 험담이나 냉소에 연연하며 괴로워하지 않는다. 왜냐하면 험담을 하거나 냉소를 보이는 것은 그들의 잘못된 인격 탓이 크기 때문이다. 괴로워하는 대신 동료들을 압도할 만큼 탁월한 언변을 발휘하거나, 동료들에게 감동을 줄 만한 좋은 자질을 계발한다.

그런 세련됨을 갖추지 못한 사람은 힘든 싸움을 하게 된다. 그러나 성공하겠다는 의지와 야망이 있다면 결국에는 승리할 것이다. '장작 패는 사람rail splitter'이라는 별명으로 유명한 링컨은 탁월한 의지력을 발휘해 성공을 달성한 가장 눈부신 예다. 설령 그가 중도에서 포기했다 하더라도 이에 대해 누구도 비난하지 못했을 것이다. 왜냐하면 그 시대는 혼란과 갈등으로 점철된 다사다난한 시대였기 때문이다. 그런 시대가 아닌 상황에서 더구나 인격적 결함이 없는데도 자신의 자질과 소양을 계발하고 적극적으로 발휘하지 않는다면, 그것은 범죄나 다름없다.

흔히 높은 품격을 지나치게 세련된 품격과 동격

으로 여기는 경향이 있다. 그러나 인격은 지나친 세련됨을 의미하지 않는다. 강하고 거침없는 면면도 필요하다. 지나치게 세련된 사람들은 비교적 온화한 삶을 사는 듯하지만, 자주 무사안일에 빠지기도 한다. 고상한 자아는 안일함과 나태함에 빠지기 십상이며, 이는 타고난 인성의 영향이 크다. 타고난 인성 가운데 좋은 것은 그대로 유지하고 나쁜 것은 계속 경계해야 한다. 이 기본 원칙에서 벗어나지 말라. 인격의 완성에 이르는 길을 제대로 가기 위해 필요한 것들이 있다. 우선 건강이 필요하다. 두 번째는 의지력과 결의다. 튼튼한 체력과 정신력이 뒷받침될 때, 인격은 가장 긍정적인 방향으로 형성된다.

앞에서도 말했듯이, 스스로 몸과 마음을 다스리며 더없이 유쾌하고 즐겁게 살 때, 성공은 매우 자연스럽게 찾아온다. 자신을 다스리는 일은 어떤 속임수도 허용되지 않는다. 몸과 마음의 균형을 자신의 자연스러운 일부로 만들어야 한다. 그러면 저절로 몸은 건강해지고 마음은 평온해진다. 그렇기 때문에 자신을 위한 투자에 노력을 게을리 해서는 안 된다. 떨어진 핀을 줍기 위해 몸을 구부릴 때도 바르게 몸을 구부린다면 운동을 하는 셈이 된다. 일상생활

속에서 바른 자세를 유지하기 위해 노력한다면, 언젠가는 몸의 잘못된 균형을 바로잡을 수 있다. 구부정한 어깨를 곧게 펴기 위해 고개를 드는 것도 도움이 된다. 또한 오른손잡이라면 왼쪽을, 왼손잡이라면 오른쪽을 자주 사용하려고 해보라. 한쪽만 거듭 사용하면 몸의 균형이 틀어지기 십상이다.

아침부터 저녁까지 가볍거나 체계적인 운동을 다양한 형태로 할 수 있는 기회는 얼마든지 있다. 운동을 하면 하루의 일과를 잘 수행하도록 도와주는 활력이 몸 안에서 활발히 순환될 것이다.

자세는 인격과 상관관계에 있다. 따라서 몸과 마음을 다스리고 규칙적인 운동을 해서 단정하고 바른 자세를 유지하는 것은 중요하다. 세련된 인격을 갖춘 사람이라면 경직된 표정을 짓거나 머리카락이 마구 헝클어진 채 거리를 걷지 않을 것이다. 그런 모습은 게으르고 나태한 정신을 보여줄 뿐, 몸과 마음의 균형과는 거리가 멀다. 꾸준히 운동하면 할수록 우리는 더욱 에너지 넘치고 활기찬 사람이 된다. 자신에 대한 믿음이 확고할수록 인격은 더 성숙해진다.

7장

자신에게 정직하자!

사람이 왜 정직해야 하는가에 대해 한번쯤 진지하게 생각해 본다면, 정직의 중요성을 충분히 실감하게 될 것이다. 정직하지 않은 친구가 있다고 가정해보자. 그 친구에게 가서 마음속 비밀을 털어놓을 수 있는가? 그를 신뢰할 수 있는가? 언제 자신에게 등을 돌릴지 모르는 사람을 신뢰할 수 있을까? 가령 우리가 우리 자신에게 진실하지 못하다고 하자. 그리고 그러한 점은 공공연하게 알려진 사실이다. 그렇다면, 다른 사람들이 우리를 동료로서 무시한다고 해서 우리가 그들을 비난할 수 있을까? 비난하기는 어려울 것이다.

자신에게 정직하자!

직선이 두 점을 가장 짧게 연결한 선인 것처럼, 정직은 한 사람이 다른 사람을 대하는 가장 올바른 태도다. 정직을 기반으로 한 관계에서 이해가 싹튼다. 정직은 가장 중요하게 여겨야 할 성품 가운데 하나다. 정직하지 않다면, 그 사람의 됨됨이는 가식적이고 위선적이다. 우리는 떳떳하게 다른 사람의 눈을 똑바로 쳐다볼 수 있어야 한다. 정직은 우리가 지금 탐험하고 있는 '위대한 내면'에서 온다. 정직은 자신의 약점들과 마주할 수 있는 용기에서 온다. 자기 자신을 잘 아는 사람, 삶을 살고 행동하고 달성하고― 온갖 역경에 맞서 꿋꿋하게 대처하는 모든 과정에서 순수한 기쁨을 누리며 웃을 수 있는 사람에게 정직은 자연스러운 일부가 된다.

정직은 자신감을 동반하며, 정직이야말로 제일 먼저 배워야 할 덕목 가운데 하나다. 정직은 오직 우리 자신 안에서 자란다. 그 이외에 다른 어떤 곳에서 결코 자랄 수 없으며, 손쉽게 건네받을 수 있는 것도 아니다. 어릴 때부터 정직이 습관처럼 몸에 배지 않으면, 후에 자기 자신을 이해할 수 있는 기회는 좀처럼 오기 어렵다. 우리가 정직할 때 다른 좋은 자질들도 함께 빛을 발한다. 정직은 우리가 올바른 생각을 하고 공정한 태도를 취할 수 있다는 증거다. 우리가 우주를 다스리는 신성한 영혼의 중요한 일부라는 확고한 증거이기도 하다. 정직을 소유하는 것은 부를 소유하는 것보다 더 위대하다. 정직은 진정한 행복과 만족을 보장해주기 때문이다. 우리가 누구에게든 눈을 똑바로 쳐다보고 진실을 말할 수 있다면, 스스로 잘못된 길에 들어설 가능성은 거의 없다.

열정적인 삶은 의식적인 삶을 의미한다. 자신을 속이고 남을 기만하려는 온갖 유혹을 뿌리쳐야 한다. 다협은 있을 수 없다. 자신을 속이는 일은 자신을 망치는 일이나 다름없다. 스스로 바보짓을 하다 결국에는 낭떠러지 아래로 굴러 떨어지리라. 거기서 다시 올라가기는 힘들며, 그러는 동안 열정과 포부는 시들어버릴 것이다!

정직은 지치고 무기력한 삶에서 자라지 않는다. 정직은 활기차고 열정적인 사람들 안에서 자란다. 날마다 단조로운 삶을 보내는 데 만족하는 어느 지루한 영혼이 있다. 그런데 그는 정직하다. 다른 결점들을 보완해주는 이 한 가지 장점은 매우 중요한 가치를 지닌다. 정직은 그의 삶을 유쾌하고 편안하게 만들 수 있다. 정직은 그 사람 주위에 친구들을 불러 모을 것이다— 그의 정직함 때문에 다른 많은 결점들을 너그러이 눈감아줄 수 있는 친구들을. 그는 정직함 덕분에 상사의 신뢰를 받고 동료들의 인정을 받는다. 소극적이고 나약한 사람이 정직할 때 그러한 축복을 받을 수 있다면, 능동적이고 진취적인 삶을 사는 사람이 정직하다는 장점까지 갖추었다면 더 말해 뭐하겠는가? 미국이 독립 전쟁을 거쳐 민주독립국가 수립을 위해 대통령을 선출할 때였다. 그 당시 얼마나 많은 미국인들이 조지 워싱턴 장군에게 본능적으로 끌렸는지를 우리는 잘 알고 있다. 물론 조지 워싱턴은 지도자의 역량을 타고났을지 모른다. 또한 세상에서 가장 위대한 지도자들 가운데 한 명이었을지 모른다. 그러나 미국 국민은 그의 도덕성을 가장 높이 샀다. 심지어 "워싱턴은 거짓말을 하지 않는다."는 말이 나올 정도였다. 워싱턴의 가치는 그 한 문장으로 대변된다. 더 영리하고 기민한 정치인들도 있었겠지만, 워싱턴은 그 어떤 정치인보다 정직했다. 미국 국민은 이 남자를 신뢰해도 좋다고 판단했기 때문에 그를 초대 대통령 자리에 앉혔다.

자신에게 정직하라. 그 점을 가장 먼저 명심해야 한다. 자신에게 정직하지 못하면, 결코 영적인 만족을 누릴 수 없다. 자신에게 진실하지 못한데 어떻게 다른 사람에게 진실할 수 있겠는가? 인간의 도덕적 근간을 이루는 것은 정직이다. 정직은 우리의 본성이 되어야 하고, 우리의 자연스러운 일부가 되어야 한다. 정직은 건강한 사람에게 속해 있다. 꾸준한 운동과 절제 있는 생활 습관을 통해 자신을 잘 다스리는 사람에게 속해 있다. 정직은 일부 운 좋은 사람들에게만 있는 품성이 아니다. 남녀노소 상관없이 모두에게는 정도의 차이가 있을 뿐 정직한 품성이 있다. 그러나 정직의 가치를 무시한 채 자신과 타인을 기만하고도 아무 죄책감을 느끼지 않는다면, 정직한 마음은 결국 위선적이고 가식적인 마음으로 바뀔 것이다. 정직은 삶의 원칙이며, 사회를 지배하고 움직이는 힘이다. 우리는 정직할 수 있고, 정직하지 않을 수 있다. 정직하지 못하다면 삶을 잘 살아가기는 어렵다.

사람이 왜 정직해야 하는가에 대해 한번쯤 진지하게 생각해본다면, 정직의 중요성을 충분히 실감하게 될 것이다. 정직하지 않은 친구가 있다고 가정해보자. 그 친구에게 가서 마음속 비밀을 털어놓을 수 있는가? 그를 신뢰할 수 있는가? 언제 자신에게 등을 돌릴지 모르는 사람을 신뢰할 수 있을까? 가령 우리가 우리 자신에게 진실하지 못하다고 하자. 그리고 그러한 점은 공공연하게 알려진 사실이다.

그렇다면, 다른 사람들이 우리를 동료로서 무시한다고 해서 우리가 그들을 비난할 수 있을까? 비난하기는 어려울 것이다.

인간은 몇 년이라는 세월 동안 어떤 특정한 기준들에 스스로 적응해 간다. 그리고 그 기준들은 어느새 도덕적 법칙들이 되어 모든 인종과 모든 세대의 운명을 지배하고 이끈다. 이러한 법칙들은 여러 타당한 이유 때문에 생겨난다. 사회는 불필요한 규칙들을 만들지 않는다. 특히 정직은 사회가 가장 두드러지게 강조하는 부분이다. 정직은 오랫동안 인류의 마음에 깊이 새겨져 왔다. 모든 사람은 마땅히 자신에게 진실해야 한다. 자신에게 진실하지 않은 사람은 다른 모두에게도 진실하지 않으리라는 점을 누구도 부인하지 못한다.

이렇게 정직이 강조되는 이유는 사회가 구성원들을 신뢰하지 못하면 결코 발전할 수 없기 때문이다. 군대를 통솔하는 장군이 부하들을 신뢰할 수 없다면 리더십을 발휘하는 데 애를 먹을 것이다. 지도자와 부하들 간에 신뢰가 없다면 전쟁을 승리로 이끌 가능성은 낮다. 사회는 구성원들 중 눈에 띄게 정직한 인물들을 눈여겨보고 그중 한 명을 지도자의 자리에 앉혀야 한다. 그렇지 않다면, 그 사회의 존립은 위태로워질 것이다.

사람들이 우리를 믿고 우리도 자신들을 믿어주기를 바랄 때, 우리는 성공한 삶을 살고 있다고 말할 수 있다. 그들의 협조 없이 우리 자신의 포부를 실현하기란 거의 불가능하다. 특정한 기준과 상식을 믿고 따르는 대다수 사람들의 뜻을 거스른 채 혼자 힘으로 성공하겠다고 바라는 것은 무모한 일이다. 행운이 따라줄 거라고 생각한다면, 그것은 오산이다. 언젠가 우리 양심은 우리에게 그렇게 해서 얻은 성공이 얼마나 미미한 것인지를 말해줄 것이다.

정직성을 가장 빨리 깨울 수 있는 것은 웃음이다. 진정으로 웃을 수 있는 사람은 양심에 어긋난 생각을 하지 않는다. 가식적인 웃음과 진심 어린 웃음을 구별하기란 매우 쉽다. 진정한 웃음은 내면 깊은 곳에서 샘솟으며, 스스로 자신의 자아를 신뢰하는 마음과 함께 한다. 웃음은 이른 아침 경쾌한 걸음으로 일터를 향하는 근로자와 함께 한다. 웃음은 무기력에 빠진 점원을 깨운다. 웃음은 병실을 환하게 한다. 웃음은 우리의 숨겨진 가능성을 활짝 열게 한다. 웃음은 우리의 마음 상태를 보여주는 징표로, 오직 한 가지를 의미한다. 그것은 바로 정직함과 진실함이다. 꾸준한 웃음 훈련만으로도 가식적이고 위선적인 마음이 정직하고 진실한 마음으로 바뀔 수 있다. 우리가 웃고 있고, 삶을 즐기고 있다면, 우리 마음은 평온함과 삶에 대한 기쁨으로 가득 차리라. 침울한 사람은 범죄를 저지르거나 문제를 일으킬 소지가 있는 사람이다. 웃는 사람은 세상에 새로운 영감을 불어넣고 삶을 살 만한 가치가 있는 것으로 만드는 사람이다. 따라서 우리는 말한다. 웃으며 살라!

8장 몸과 마음을 청결하게 유지하자!

몸과 마음의 청결은 중요한 성공 요인이다. 아마도 성공한 사람들에게 가장 큰 영향을 미치는 것이 아닐까 한다. 군대를 통솔하는 장군은 맨 처음 군대의 사기 진작에 힘쓴다. 몸과 마음이 깨끗해야 큰일을 할 수 있다는 믿음 때문이다. 전투력이 강하고 성능이 뛰어난 전함은 매우 깨끗해서 어느 누구든 갑판 위에 앉아 거리낌 없이 식사할 수 있다. 그 전함을 지휘하는 장교들은 모두 심신이 건전하고 체격이 건장하다. 그런가 하면 수병들은 튼튼한 체력에 원기가 왕성하고 기강이 바로 잡혀 있다. 몸과 마음의 청결이 전쟁을 승리로 이끄는 데 매우 중요한 요소라면, 우리도 성공한 삶을 살기 위해 몸과 마음을 청결하게 유지하는 것은 어떨까?

몸과 마음을 청결하게 유지하자!

실패자들과 면담하다 보면, 공통점을 하나 발견하게 된다. 대다수 실패자들은 무미건조한 일상에서 벗어나기를 주저한다. 그런 타성과 나태에 젖은 나머지 한때 품었던 야망은 물거품처럼 사라지고 지금의 딱한 처지에서 벗어나기 위한 용기마저 남아 있지 않다. 감옥 안은 고난을 극복하려는 시도조차 하지 않았던 사람들로 가득하다. 그들은 개구리로 자라지 못한 올챙이와 같다……. 진흙탕에서만 내내 헤엄치며 더 넓은 곳으로 가기를 주저하기 때문에 다리는 길게 자랄 수가 없다. 그들은 죽을 때까지 그 좁은 범위 안에서 헤엄치는 데 만족할 것이다. 다시 말해 실패는 진흙탕에 안주하는 사람들의 것이다. 그들은 올챙이에 불과한 신세에서 벗어날 수 있는 기회를 활용하지 못한다. 결국 몸은 진흙으로 더럽혀진다. 8장의 주제를 '몸과 마음의 청결' 이라고 정한 이유는 여기에 있다. 얼굴과 손을 청결하게 유지하기 위한 올바른 방법을 지적하고자 함이 아니다. 혹은 설교를 하고자 함도 아니다. 다만 '깨끗한 몸이 깨끗한 마음을 낳는다'는 점을 말하기 위해서다. 그리고 이 두 가지가 어우러져 깨끗한 영혼을 낳는다. 일단 진흙탕에서 벗어나기 위한 움직임이 중요하다. 꾸준히 그러한 시도를 할 때 우리는 비로소 다람쥐 쳇바퀴 도는 일상에서 벗어날 수 있다.

성공의 요인이 무엇인지를 깊이 있게 탐구할 때, 간과해선 안 되는 중요한 한 가지가 있다. 친구를 신중하게 선택해야 한다. 그렇다고 직업이나 지위 등 외적인 조건을 따져가며 조건에 부합하지 않는 사람을 멀리하라는 의미가 결코 아니다. 성공한 사람이나 성공을 꿈꾸는 사람이라면, 아무 목표 없이 무기력한 삶을 사는 사람들, 인간으로서 갖추어야 할 소양도 제대로 갖추지 못한 사람들과 시간을 보내서는 안 된다는 것이다. 인생은 매우 짧기 때문에 그들의 실패담이나 하소연을 들으며 빈둥거릴 시간이 없다. 그들과 함께 있다 보면 그들의 우울하고 비관적인 분위기에 우리마저 물들지 모른다. 그들은 열심히 노력해서 노력의 결실을 맺는 사람들과 정반대의 사람들이다. 아무 대가 없이 행복만을 바라는 사람들과 친구가 되려고 하지 말라. 대신 꿈이 있고 그 꿈을 실현하기 위해 노력하는 과정에서 주위 사람들에게 영감을 줄 수 있는 사람들과 친구가 돼라. 그런 사람들은 몸과 마음이 깨끗한 사람들이다.

우리는 언제나 우리에게 좋은 자극과 영감을 주는 깨끗한 세상에서 살아야 한다. 삶의 어두운 구석에 머물며 쓰레기 더미 주위를 배회한다면, 무기력해져서 아무런 활동도 못할 뿐 아니라 포부를 달성하기 위해 필요한 활기찬 에너지를 얻지도 못할 것이다. 도움의 손길이 필요한 사람들에게 손을 내미는 한편, 활력이 넘치고 적극적인 사람들과 자연스럽게 어울리라. 긍정적인 사람들과 만나면, 우리도 그들의 영향을 받아 긍정적인 사람이 될 수 있다. 그런 사람을 만나기 위해 친구를 선택할 때 신중해야 한다. 그런가 하면 우리 스스로도 그런 활기찬 사람이 되려고 노력해야 한다. 지루하고 우울해 보이는 사람과는 친구가 되려고 하지 않을 테니 말이다. 우리가 포부를 달성할 때, 그들은 우리에게 올 것이다. 원대한 포부가 있다면, 우리는 그 포부를 달성하게 될 것이다. 단지 의지력의 문제다.

"성공만큼 성공하는 것도 없다." 어떤 현인은 이렇게 말했다. 성공이 성공을 낳는다는 의미와 일맥상통할 것이다. 즉, 성공하겠다는 의지와 배짱은 점점 더 큰 성공으로 이어진다. 포부가 큰 사람들은 결단력 있고 부지런한 사람들과 함께 공기가 깨끗하고 맑은 곳에서 산다. 그들은 삶을 열정적으로 산다. 뜨거운 열정으로 말미암아 늘 혈기가 왕성하고 생동감이 넘친다. 그들의 영혼은 날마다 새로운 에너지로 충전된다. 그들의 성공은 우리의 무기력한 손발을 흔들게 할 것이다. 우리에게 신선한 자극이 되어 우리도 그들처럼 살고 싶다는 욕망을 불러일으킨다. 우리가 그런 사람들이 모인 깨끗한 곳에서 산다면, 곧 우리 삶은 그들의 삶을 반영할 것이다.

우리 마음은 건전한 생각들로 가득해질 것이다. 몸과 마음이 깨끗하다면, 어떤 장애도 우리를 가로막을 수 없다.

깨끗함은 몸과 마음에 활력을 준다. 속옷에 신경 쓰는 사람, 운동과 샤워로 아침을 상쾌하게 여는 사람은 결코 의기소침하지 않는다. 이른 아침 차를 타고 혹은 거리를 걸으며 일터로 향하는 그의 모습을 보게 될 것이다. 가슴에 삶의 열정을 가득 품은 채 발걸음이 경쾌하다. 그의 마음은 구름 한 점 없이 맑다. 그의 눈은 정직하게 노력하면 무엇이든 못 이룰 게 없다는 긍정적인 기운으로 가득하다. 그의 마음에는 위선적인 요소가 없다. 물론 그에게도 많은 약점이 있을 수 있다. 그러나 깨끗한 마음이 그런 약점들을 압도할 만큼 큰 위력을 발휘한다.

아침 운동과 샤워를 습관처럼 즐기는가 하면 편안하고 우아한 차림을 한 사람은 이미 하루를 성공적으로 보낸 셈이나 마찬가지다. 그는 자신의 몸을 깨끗하고 단정하게 유지하는 것이 얼마나 가치 있는 일인지를 안다. 그래야 기분도 가볍고 상쾌해지기 때문이다. 사람들은 그의 외모에 당연히 호감을 느낄 것이다. 자기 외모에 만족할수록 자신감도 높아진다. 그런 사람들은 과하게 행동하거나 무리하지 않는다. 마음이 편안하기 때문에 함께 어울리는 사람들에게도 자신의 편안한 기운을 전한다. 이것이야말로 그들이 지닌 힘이다. 그들은 자연의 가장 높은 도덕 법칙이 몸과 마음의 청결에 관한 것이고, 불결함이 사람의 몸과 마음을 더럽히도록 놔두어서는 안 된다는 점을 안다. 그들은 삶에서 불결한 것들을 가장 멀리한다.

무언가에 매진하여 결국 세상이 자신을 주목하게 만드는 친구들에게는 사람을 끌어당기는 자석과 같은 힘이 있다. 우리가 그들과 가까이 지내며 서로 교류하고 소통한다는 사실만으로 우리도 그들처럼 깨끗한 몸과 마음으로 삶을 살아가고 있다는 확실한 증거가 된다. 만약 우리가 더러운 시궁창에 빠져 있다면, 그들은 우리를 찾지 못했을 것이다. 꿈을 접고 안일함과 나태함에 빠져 자신을 돌보지 않는다면,

그들은 그런 우리 모습을 금세 알아차릴 것이다. 애써 숨기려 해도 소용이 없다. 단지 잠시 스치고 지나가는 사람만이 쉽게 속아 넘어갈 것이다. 자신감 상실은 신체에 악영향을 미친다. 성공을 향해 꿋꿋이 앞으로 나아가지 못하고 자꾸 비틀거리다 끝내 잘못된 길에 들어서고 만다. 그런 식으로 우리는 시궁창에 발을 담그게 된다! 그리고 오래지 않아 바닥으로 가라앉게 될 것이다. 혹은 떨어질 용기도, 일어설 용기도 없는 사람들 가운데 한 사람으로 남게 될지도 모른다.

더러운 몸과 마음은 실패에 이르는 지름길이다. 성공한 사람들은 그러한 생각조차 멀리한다. 그들은 가능한 한 탁 트인 공간에서 생활한다. 그들은 아침과 저녁에 운동을 한다. 좋은 책을 읽고 좋은 공연을 관람하는 등 자신에게 긍정적인 자극과 영감을 줄 좋은 생각과 예술을 꾸준히 접한다. 그들의 얼굴은 숨김이 없고, 환한 빛으로 가득하다. 뚜렷한 목표 의식이 있고 사방에서 찾아오는 수많은 기회들을 활용할 수 있는 능력이 있기 때문에, 그들은 삶에서 패배할 것이라는 두려움을 전혀 느끼지 않는다.

몸과 마음의 청결은 중요한 성공 요인이다. 아마도 성공한 사람들에게 가장 큰 영향을 미치는 것이 아닐까 한다. 군대를 통솔하는 장군은 맨 처음 군대의 사기 진작에 힘쓴다. 몸과 마음이 깨끗해야 큰일을 할 수 있다는 믿음 때문이다. 전투력이 강하고 성능이 뛰어난 전함은 매우 깨끗해서 어느 누구든 갑판 위에 앉아 거리낌 없이 식사할 수 있다. 그 전함을 지휘하는 장교들은 모두 심신이 건전하고 체격이 건장하다. 그런가 하면 수병들은 튼튼한 체력에 원기가 왕성하고 기강이 바로잡혀 있다. 몸과 마음의 청결이 전쟁을 승리로 이끄는 데 매우 중요한 요소라면, 우리도 성공한 삶을 살기 위해 몸과 마음을 청결하게 유지하는 것은 어떨까?

우리는 때때로 우리 자신이 어떤 목적에 따라 기능하는 조직과 같이 느껴질 것이다. 여기 뇌, 심장, 폐, 위, 신경, 근육이 있다. 각 기관은 서로 다른 역할을 위해 개별적으로 기능하지만, 서로 밀접한

연관을 맺으며 하나의 조직을 이룬다. 이 신체 조직을 지휘하는 것은 마음이다. 따라서 마음이 긍정적이고 건전하다면, 그 마음은 다른 기관들에 좋은 영향을 미칠 것이다. 이 단순한 깨달음은 깨끗하고 아름다운 세상에서 이상적인 삶을 살기 위한 첫발걸음이다.

한 인간이 가치 있는 삶을 살기 위해 필요한 도구들 가운데 가장 중요한 것이 바로 신체 조직이다. 우리 몸은 마음뿐 아니라 신체 조직의 기능에 좌우된다. 그러므로 음식을 필요 이상으로 섭취해 위에 부담을 주어서는 안 된다. 더러운 공기를 마셔 폐를 더럽혀서는 안 된다. 무분별하고 무절제한 생활의 연속으로 신경을 날카롭게 해서는 안 된다. 운동을 게을리하면 체력은 약해진다. 우리는 신체 조직이 원하고 필요로 하는 것들에 귀 기울여 부족한 부분을 채워줘야 한다.

루스벨트 대통령은 어느 누구보다 몸과 마음의 청결을 중시했던 인물이다. 그는 이 점을 강조했으며, 그의 메시지는 널리 퍼졌다. 깨끗하고 단정한 몸가짐과 마음가짐의 중요성을 잘 아는 사람들은 루스벨트의 말에 깊이 공감했고, 다른 사람들도 한번쯤 그 말의 의미를 되새겼다. 루스벨트는 어린 시절부터 뚜렷한 목표 의식과 함께 꾸준히 체력을 단련하고 세상살이에 필요한 교양과 지식을 열심히 습득했는가 하면 남들이 쉽게 포기하는 것들도 끝까지 포기하지 않고 경험을 기회로 삼으며 건전하고 진실한 사람들과 친분을 맺었다. 그 결과는 어떠했을까? 루스벨트는 인간이 할 수 있는 모든 노력의 정점에 올랐다. 그의 삶은 일관되고 분별 있었다. 그리고 누구 앞에서든 눈을 똑바로 쳐다보며, "나는 흔들림 없는 신념으로 살았다."라고 정직하게 말할 수 있었다.

정직하고 건전하게 살기 위해, 그런가 하면 루스벨트 손에 떨어진 큰 과실을 똑같이 손에 쥐기 위해 굳이 대통령이 될 필요는 없다. 우리가 모두 대통령이 될 수는 없지만, 루스벨트처럼 몸과 마음을 깨끗이 유지하려 노력하는 모습은 본받을 수는 있다.

우리는 열정적인 사람들과 자주 교류해야 한다. 그들의 뜨거운 열정이 세상을 살기 더 좋은 곳으로 만드는 데 이바지한다. 그들은 고개를 들고 어깨를 펴고 당당히 앞으로 나아가는 사람들이다. 그들 앞에 닥친 고난과 역경에도 꿋꿋하게 맞설 수 있는 용기와 배짱이 있다. 그들의 마음은 깨끗하다. 두 눈은 힘든 일상 너머를 본다. 포부는 원대하고, 그 포부를 실현하기 위해 줄곧 나아간다. 그들과 보조를 맞출 수 있느냐는 순전히 우리 자신에게 달렸다. 그들은 우리의 동행을 환영할 것이다. 다만 그들이 알고 싶어하는 것은 우리가 꿈을 향해 끝까지 나아갈 용기와 배짱이 있는가, 삶을 분별 있고 절제 있게 살고 있는가 하는 점이다. 그리고 중요한 것은 함께 여행을 떠날 때 웃음을 잃지 않는 것이다.

9장
타인을 배려하며 살자!

타인에 대한 배려는 타고난 인성일 가능성이 높다. 그러나 배려심 역시 우리의 의지에 따라 더 바람직하게 자랄 수 있다. 어릴 때부터 배려의 중요성을 배우면, 배려심은 더 크게 자란다. 빠르면 빠를수록 더 좋다. 어린 시절에 가장 감수성이 예민한 나이는 보통 4세에서 5세다. 그때가 삶에서 필요한 예절과 교양을 가르쳐주기에 딱 좋은 시기다. 예를 들어 문을 소리 나지 않게 닫는다거나 엄마가 낮잠을 잘 때는 발소리가 나지 않게 걷는다거나 옷을 단정히 입고, 몸이 더러워지면 깨끗이 씻고, 그 외에 활기차게 생활하는 등, 이 모든 것은 타인을 배려하는 삶을 위해 매우 필요한 요소들이다.

타인을 배려하며 살자!

타인에 대한 배려는 인간의 가장 고귀한 태도다. 가슴의 정원에 인정의 씨앗을 심으면 꽃이 피어난다. 정성껏 꽃을 피울 때, 위선적이고 가식적인 마음 대신 진실하고 자비로운 마음이 생긴다. 친절한 행동이 위선과 가식을 없앤다. 만인의 존경을 받는 사람들은 먹고 자는 일만큼 타인에 대한 배려가 자연스럽게 몸에 배어 있다. 친절한 행동은 뛰어난 품성의 외적인 반영이다.

도움의 손길이나 격려의 말 한 마디 없고, 실패할 때나 성공할 때 옆에서 함께 안타까워해주고 기뻐해줄 사람이 한 명도 없다면, 우리가 이 세상에서 과연 무엇을 이룰 수 있을까? 우리 자신의 생각과 감정을 배려하는 마음이 이 지구상에 존재하지 않는다면, 우리가 친구들과 나누는 우정의 깊이를 어떻게 가늠할 수 있을까? 때로는 전쟁과도 같은 삶에서 우리에게 무슨 일이 일어나든 우리를 격려하고 응원해줄 누군가가 있다는 것은, 참으로 다행한 일이다. 물론 우리 스스로 강해져야 하고 남에게 의존하기보다 자신을 믿고 혼자 힘으로 나아가야 하지만, 그렇더라도 사람들과 나누는 우정과 공감이 필요한 때가 있는 법이다. 인정과 배려가 없는 사회는 결국 무너지게 되어 있다. 인정과 배려가 없는 가정은 텅 빈 껍데기만 남게 될 것이다. 인정과 배려는 인간의 삶을 부드럽고 온화하게 만든다. 그러한 것이 없었다면 삶은 힘들고 단조로운 일상의 연속이었을지 모른다.

타인에 대한 배려는 타고난 인정이다. 남을 위해 무언가를 할 때, 그에 대한 보상은 행동 자체에 있다. 다른 보상을 기대해서는 안 된다. 자비를 베풀 때 자신의 행동을 다른 사람들이 알게 하지 않는 것이 진정한 자비다. 그러한 사람은 위대함의 정점에 올라 있다. 그는 지혜롭게도 무엇이 가장 좋은 것인지를 잘 알기 때문에 남을 위해 무언가를 할 때도 즐겁게 한다.

타인에 대한 배려는 깊은 우정과 진한 애정으로 발전할 수 있는 소중한 가치다. 배려심은 일부러 드러내지 않아도 저절로 드러난다. 우리가 힘든 일을 겪고 있을 때 누군가가 다가와 진실한 마음으로 인내와 용기의 미덕을 전할 때, 우리는 감흥을 느끼게 된다. 그 말에 용기를 얻고 지친 마음을 새로운 에너지로 충전한다. 그들은 우리 삶에서 없어선 안 되는 '좋은 친구들'이고, 그들의 존재 자체가 우리에게 좋은 기운이 된다. 그들이 점잖게 문을 두드리는 것만으로도 우리는 그들의 존재를 알 수 있다. 그들은 우리 삶에 수많은 방식으로 영감을 주고, 제때에 도움이 되는 조언을 준다. 또한 슬픈 날에는 그들의 듬직한 어깨에 기대는 것만으로도 위안이 된다.

타인에 대한 배려는 타고난 인성일 가능성이 높다. 그러나 배려심 역시 우리의 의지에 따라 더 바람직하게 자랄 수 있다. 어릴 때부터 배려의 중요성을 배우면, 배려심은 더 크게 자란다. 빠르면 빠를수록 더 좋다. 어린 시절에 가장 감수성이 예민한 나이는 보통 4세에서 5세다. 그때가 삶에서 필요한 예절과 교양을 가르쳐주기에 딱 좋은 시기다. 예를 들어 문을 소리 나지 않게 닫는다거나 엄마가 낮잠을 잘 때는 발소리가 나지 않게 걷는다거나 옷을 단정히 입고, 몸이 더러워지면 깨끗이 씻고, 그 외에 활기차게 생활하는 등, 이 모든 것은 타인을 배려하는 삶을 위해 매우 필요한 요소들이다.

우리 대부분은 다른 이들에게 도움을 주고 싶어 하지만, 소심함 때문에 결국 주저한다. 예를 들어 힘든 일을 겪고 있는 사람을 보더라도 선뜻 손을 내밀지 못한다. 아는 사람이 견디기 힘든 시련을 겪고 있는데도 자존심 때문에 우리에게 도움을 구하지 않는다면, 우리는 그의 감정을 상하게 할까봐 그냥 모른 척할지도 모른다. 그런 일은 자주 일어날 수 있다. 하지만 다른 친구는 지금 이 순간 도움이 필요한 그 사람에게 용기 내어 손을 내밀지 모른다.

그의 자신감이 우리 사이에 생겼던 마음의 거리를 좁혀 놓는다.

올바른 일을 하고 싶다는 바람은 그 자체로 의미가 있다. 남을 위해 무언가를 하겠다는 생각에 추진력이 더해질 때 실행으로 옮겨질 수 있다. 우리는 어린 시절부터 남을 배려하는 삶의 기반을 마련해야 한다. 친구들을 위해 무언가를 하려는 시도를 자꾸 미루다보면, 결심은 무뎌질 수밖에 없다. 하고는 싶지만, 실제로 하지는 않는다. 시간이 지나고 우리는 결국 아무것도 하지 않는다. 그게 다다. 생각은 좋았지만 끝내 행동으로 옮기지 못했다. 용기가 부족했기 때문이다. 계속 행동하지 못할 때 우리 앞에 펼쳐지는 것은 어두운 미래뿐이다. 스스로 행복해질 수 있는 기회를 자꾸 놓치고 있는 것이다!

웃을 수 있는 힘을 지닌 사람은 이러한 점에서 조금 다른 면을 보인다. 자신을 신뢰하고 진정한 행복을 누릴 줄 알고 의식적인 삶을 사는 그는 도움이 필요한 친구에게 거리낌 없이 다가가 실질적인 도움을 준다. 직접 가지 않을 때는 서로 잘 아는 친구를 통해 그에게 도움을 줄 수 있는 방법을 찾는다. 그는 일부러 친절을 과시하지 않는다. 다만 친구를 돕는 일에서 순수한 기쁨을 느낀다. 그는 더 높은 이상을 실현함으로써 삶을 살 만한 가치가 있는 것으로 만들며 자신의 길을 묵묵히 걸어갈 것이다.

반드시 거창한 일이 아니어도 좋다. 깊은 우정과 인정이 담긴 수많은 행동들과 생각들이 모여 위대한 무언가를 이룬다. 인정이 있는 사람은 세상을 더 밝게 만드는 데 기여한다. 그들은 가장 적당한 시기에 작은 도움이라도 줄 준비가 되어 있다. 시간이 지나면서 우리는 깨닫게 된다. 그들이 우리에게 얼마나 의미 있는 존재인지를. 처음에는, 아니 세 번, 네 번, 다섯 번째에도 그들의 존재를 눈치 채지 못할지 모른다. 그렇지만 어느 정도 시간이 흐르면 우리는 그들의 진심을 깨닫고 그들을 존경하게 된다. 그러한 사람들이야말로 깨끗하고 진실한 삶의 주인공들이다. 그들은 상대에게 기분 좋은 말 한 마디 건넬 여유를 잃지 않는다. 화낼 구실을 만들지 않는다.

그들은 자신의 몸과 마음을 늘 최상의 컨디션으로 유지하고, 활기차고 열정적으로 삶을 살아가는 사람들이다. 옛말에 '원하는 것이 있으면 부지런한 사람에게 가라'라는 말이 있다. 이 경우 부지런한 사람은 그들을 가리킨다. 부지런한 사람일수록 더 많은 시간을 할애해 친절을 베푼다.

배려의 다른 말은 봉사다. 도움이 절실히 필요한 사람에게 도움을 주고 고단한 하루를 보낸 사람에게 위로의 말을 전하는 것보다 더 큰 '자기 보상'은 없다. 먼저 산 정상에 오른 인정 많은 사람은 다른 사람들도 정상에 오르도록 돕는다. 다른 사람을 위해 더 많은 일을 할수록 자신을 위해 더 많은 일을 하는 셈이다. 봉사가 자신에게 실질적인 이익을 가져다주지 않지만 행복을 가져다주는 것은 분명한 사실이다. 이보다 더 큰 보상이 또 있을까? 배려하는 삶이 우리에게 실제로 어떤 보상을 가져다주는지 알고 싶다면 지금 당장 실천해 보는 건 어떤가? 시작하기 가장 좋은 곳은 바로 집이다. 물론 사무실도 좋고 다른 어떤 곳도 좋다. 우리 자신이 남에게 필요한 사람이 될 때, 우리는 저절로 웃게 될 것이다. 그리고 삶에서 가장 소중한 것을 얻게 되리라. 그것은 행복이다.

날마다 조금씩 친절을 베풀면, 어느새 삶의 큰 자산을 얻게 될 것이다. 친절과 배려는 그렇게 어려운 일이 아니다. 다만 미소를 지어 보이거나 손을 흔드는 것만으로도 상대에게 위안과 격려가 될 수 있다. 그런 사소한 행동일지라도 그들은 우리를 오래 기억할 것이다.

조언하는 것은 어려운 일이 아니기 때문에 누구나 마음만 먹으면 조언할 수 있다. 그러나 적절한 조언을 하는 경우는 매우 드물다. 진정으로 도움을 주려면 그 사람을 먼저 깊이 이해해야 한다. 조언을 받아들일 수 있을 만큼 마음의 여유가 있는 사람인지, 힘든 상황에서도 웃을 수 있거나 적어도 미소 지을 수 있는 사람인지를 파악해야 한다. 조언한 후에는 기분 좋은 말과 행동으로 힘을 실어주는 것이 좋다. 그가 문밖으로 나갈 때 다정하게 등을 두드려주는 것은 결심을 북돋워주는 데 도움이 된다. "너는 할 수 있어!" 하고 확신에 찬 목소리로 격려하는 것도 마찬가지로 큰 힘이 된다. 그에게 필요한 것은 공감과 격려 그리고 긍정적인 에너지다. 그래서 우리에게 왔고, 우리는 그에게 이 모든 것을 줄 때까지 그를 떠나보내지 않았다. 그것은 참으로 잘한 일이다!

타인에 대한 배려는 과시와 가식을 허용치 않는다. 오른손이 한 일을 왼손이 알게 해서는 안 된다. 남에게 베푼 자비를 과시해서는 안 된다. 세상에는 조언을 귀담아듣지 않으면서도 남의 관심과 호의만을 바라는 사람들이 많다. 그들은 스스로 아무 노력도 하지 않은 채 그저 남의 도움에 기대려고만 한다. 그러나 배려는 그들에게 아무것도 빚지지 않았다. 그들의 끈질긴 간청을 거절하다보면 어느새 남을 돕고 싶다는 마음까지 무뎌질지 모른다.

세상은 스스로 돕는 사람을 돕는다. 푸념만 줄곧 늘어놓는 사람은 한심하게 여긴다. 사회가 그런 사람들을 위해 할 수 있는 것은 아무것도 없다.

우리가 그런 사람들을 돕기 위해 모든 수단을 동원한 뒤에도 아무 성과가 없을 때, 우리는 자기 방어적으로 그들을 멀리할 필요가 있다. 그렇지 않으면 그들이 우리의 정의감을 더럽힐 수 있기 때문이다. 그들을 우리의 시야에서 멀어지게 해야 한다.

타인에 대한 배려는 가장 고귀한 인성이다. 일상생활에서 배려심을 발휘할 수 있다는 것은 우리의 큰 위안이다. 공감과 배려는 진한 애정과 깊은 우정으로 이어진다. 배려심은 우리 영혼을 이루는 다른 인성들과 서로 연결되어 있다. 사람들에게 위협적으로 굴고 호통치고 신경질적인 반응을 보이는 것은 타고난 인정을 병들게 하는 세균이다. 그 세균들에 저항하지 못하면, 우리는 돈독한 우정으로 힘과 용기를 얻을 수 있는 이 세상에서 혼자 쓸쓸히 남겨질 것이다.

10장
열린 마음으로 소통하라!

인간적인 마음은 외곬으로 생각하는 고지식함과 거리가 멀다. 수천 가지 방식으로 사고할 수 있는 열린 마음이다. 분별 있는 사람, 자신을 객관적으로 평가할 줄 아는 사람은 자신이 정상에 있다고 여기든 그렇지 않든 사람들과 진심 어린 미소와 악수를 나눌 수 있다. 그는 세상이 자기 생각대로 움직이지 않는다고 해서 우울해하지 않는다. 난관에 부딪히더라도 좌절하기보다 인내하며 꿋꿋이 나아가기 때문에 결국에는 노력의 결실을 맺는다.

열린 마음으로 소통하라!

호언장담과 거만함은 높은 인격을 갖춘 사람들과는 거리가 먼 특징이다. 그들에게서 공통적으로 나타나는 특징은 바로 소박함이다. 소박함이야말로 궁극적인 성공에 이르는 열쇠다. 그 다음은 관대함이다. 세상에는 무수히 많은 유명 인사들이 있다. 그들이 하는 일이 결코 쉽지 않기 때문에 그 일을 달성하는 과정에서 방해를 받는 걸 꺼려할 수 있다. 하지만 진정으로 위대한 사람은 일반인들과의 만남을 꺼려하지 않는다. 사람들과 만날 시간을 내지 못할 만큼 일에만 매달리지 않는다. 마치 왕위에 오른 왕처럼 호위를 받고 남들이 자신을 떠받드는 것을 당연하게 여기는가 하면 일반인들의 접근을 완전히 차단하는 부류와는 전혀 다르다. 그는 좋은 사람들을 많이 알고 싶어하고 좋은 사람과의 만남을 기꺼이 환영한다. 게다가 겸손하기 때문에 새로운 생각과 이야기에 늘 귀를 기울인다. 시간이 허락한다면 우리를 만나는 것을 꺼려하지 않을 것이다.

여기서 혼동하지 말아야 할 것이 있다. 사람들의 관심을 단번에 끌 수 있을 만큼 유명하다고 해서 그 사람이 반드시 위대한 사람이라고 보기는 어렵다. 아무리 위대해 보이려고 애써도 소용이 없다. 특히 스스로 과시하는 명성에 비해 개인의 삶에서 이룬 성공이 미미하다면 더욱 그렇다. 그들이 유명할 수 있는 요건을 갖추었을지 모르지만, 링컨의 말마따나 "언제나 모든 사람을 속일 수는 없다."

산업의 제왕들은 일에만 매달리며 자기 생각에 갇혀 있지 않다.

"내 주위에는 전부 훌륭한 사람들뿐이다."

강철왕 앤드류 카네기는 자신의 성공과 관련해 이렇게 말했다. 위대한 성공을 달성하는 사람은 대개 본받을 만한 사람들과 자주 어울리며 시야를 넓히려고 노력한다. 새로운 일을 추진할 때도 자신의 판단과 생각을 일단 보류한다. 언제나 사람들의 조언을 들을 준비가 되어 있으며 창의적이고 진취적인 사람들을 곁에 둔다. 그렇다고 사업적 이익을 위해서만 사람들을 만나지 않는다. 자신의 삶에 좋은 영감과 자극을 주는 사람들과의 만남도 소중히 여긴다. 이러한 유형의 사람은 자연스럽게 사회에서 주목받는 인물이 된다.

사람은 대인일수록 작은 일들에 안달복달하지 않는다. 그의 책상은 온갖 잡동사니와 쓰레기로 어지럽혀 있지 않고 모든 것이 깨끗이 정리되어 있다. 그의 마음 역시 잡생각 없이 깨끗하다. 그러한 사람들은 몸과 마음을 잘 다스리기 때문에 늘 온화하고 여유 있다. 관대하고 소박한 인성은 산 정상까지 오르기를 바라는 사람들이 꼭 갖추어야 할 미덕이다. 그러한 인성을 갖춘 사람은 새로운 정보를 받아들이는 마음의 여유를 잃지 않는다. 늘 열려 있기 때문에 새로운 생각과 아이디어에서 영감을 얻을 수 있는 기회도 그만큼 많다. 그는 셰익스피어의 표현대로 '시궁창이나 다를 바 없는 괴어 있는 연못'인 듯한 모습을 원치 않는다. 따라서 그의 마음은 환기가 잘 되어 늘 신선한 공기로 채워진다. 삶의 연회장에는 언제나 새로운 손님과 새로운 얼굴과 새로운 이야깃거리가 있다는 것이 그의 생각이다.

보통 사람들도 마찬가지로 관대하고 소박한 인성을 기를 필요가 있다. 거만한 사람은 무례하다. 대개 위선적이거나 무지하다. 아니면 둘 다다. 그의 거만함은 자연스럽게 혐오감을 불러일으킨다. 우리는 당연히 그런 사람들을 피하려고 할 것이다. 손해를 보는 것은 우리가 아니라 그쪽이다. 그들은 길가에 혼자 남겨질 것이고, 조만간 세상에 홀로 서 있다는 사실을 실감할 것이다.

세상은 마음이 열린 사람을 환영한다. 진취적인 사람들의 마음은 열려 있다. 그들은 호기심이 풍부하다. 모두에게 마음을 열기 때문에 새로운 정보를 쉽게 습득할 수 있다. 반면 이미 모든 것을 안다고 생각하는 이기주의자들에게 기꺼이 정보를 제공하려는 사람은 아무도 없다. 그들은 어중간하게 아는 지식을 그럴듯하게 포장해서 떠벌리지만, 우리는 그런 그들을 그저 외면할 뿐이다. 우리 삶은 매우 짧아서 그들에게 진실을 알리느라 귀한 시간을 낭비해서는 안 된다.

"아무개를 만나려면 어떻게 해야지?"

어떤 사람이 친구에게 이렇게 묻는다.

친구의 대답은 이렇다.

"안 만나는 게 좋을걸. 그 사람은 만날 가치가 없어. 누구의 말도 귀담아듣지 않거든."

그러한 유형의 사람은 스스로 배타적이 되어 좋은 기회들을 놓친다. 스스로 구멍을 파고 그 안으로 들어가 구멍을 막아버린다. 그가 자기 가족들을 마치 하인처럼 대하고 직원들을 노예처럼 부리는 모습을 우리는 쉽게 상상할 수 있다. 설령 성공했다 하더라도 어디까지나 작은 범위 안에서 이룬 성공일 뿐, 삶이라는 큰 범위 안에서는 실패자로 낙인찍힐 수밖에 없다.

가령 우리에게 훌륭한 아이디어가 있다고 한다면, 그 아이디어를 가지고 가장 먼저 찾아가고 싶은 사람은 누구일까? 비전이 확고하고 대인처럼 보이는 사람일 것이다. 사람은 대인일수록 민주적인 성향을 지녔을 가능성이 높다. 우리가 그에게 새로운 아이디어를 제시할 때, 그는 아이디어에 주목할 뿐 우리의 개인적 결점 따위는 고려하지 않는다.

민주적인 마음은 영혼의 승리다. 우리가 인간의 가슴 뛰는 심장과 깊이 교감할 수 있게 한다. 소박하고 진실한 매력을 풍기는 사람들은 결코 고립감을 느끼지 않는다. 인간관계에 벽을 만들지 않기 때문이다. 아무도 접근하지 못하게 스스로 몸을 숨긴다면, 분명 잘못 생각하는 것이다. 우리가 얼마나 높은 곳에 오르든 다른 사람들의 생각과 아이디어에 늘 귀를 기울여야 한다. 그렇지 않으면 우리 마음은 고인 물처럼 썩게 된다. 일상생활에서 사람들과의 만남을 거듭 꺼리다보면, 우리는 곧 스스로 지루하고 시시한 사람이 되어버릴 것이다. 훌륭한 사람들은 시간을 낭비하는 걸 싫어하지만, 좋은 사람들과

여가를 보내는 시간을 결코 낭비라고 여기지 않는다.

민주적인 마음은 이기적인 사람에게는 없는 마음이다. 이기주의자들은 오로지 자기 자신만 생각하기 때문에 매우 절망적이다. 그들은 타고나기를 편협하고 까다롭다. 그들에게 삶은 즐거움의 대상이 아닌 정복의 대상이다. 이러한 유형의 사람들을 가까이 관찰하다보면, 오히려 동정심을 느끼게 될 것이다. 어린 시절에 그런 잘못된 인성을 바로잡지 못했기 때문이다. 그들은 처음부터 발을 잘못 내디뎠기 때문에 결국 표류할 수밖에 없다.

민주적인 사람이 되는 것은 인간적이고 친절한 사람이 되는 것과 일맥상통한다. 우리는 얼굴에 가려진 이면을 볼 수 있어야 하고, 한 인간의 존재에서 무엇이 진실이고 거짓인지를 분간할 줄 알아야 한다. 삶은 우리가 삶을 대하는 태도에 달렸다. 인간적이 되는 것은 올바른 관점으로 삶을 대하기 위한 한 방식이다.

인간적인 마음은 외곬으로 생각하는 고지식함과 거리가 멀다. 수천 가지 방식으로 사고할 수 있는 열린 마음이다. 분별 있는 사람, 자신을 객관적으로 평가할 줄 아는 사람은 자신이 정상에 있다고 여기든 그렇지 않든 사람들과 진심 어린 미소와 악수를 나눌 수 있다. 그는 세상이 자기 생각대로 움직이지 않는다고 해서 우울해하지 않는다. 난관에 부딪히더라도 좌절하기보다 인내하며 꿋꿋이 나아가기 때문에 마침내는 노력의 결실을 맺는다.

우리는 우리가 저지른 과오를 바로잡아야 한다. 그렇지 않으면 우리 삶은 판에 박힌 생활의 연속이 될 것이며, 거기서 영영 헤어나지 못할지도 모른다. 다만 우리에게 필요한 것은 관대하고 열린 마음과 자신을 다잡을 수 있는 열정적인 마음이다. 즉, 민주적인 마음을 길러야 한다. 그러한 마음일 때, 우리는 진정한 친구들에게 둘러싸일 것이고 꿈을 향해 줄곧 나아갈 수 있을 것이다. 그리하여 진심으로 웃으며 살 수 있으리라.

11장
마음을 살찌우라!

이 세상의 가치 있는 것들 대부분이 책 속에 담겨 있다. 인류 역사의 각 단계, 더 나은 인류를 위한 모든 움직임, 노동의 발전 단계, 모든 아름다운 생각이 책 속에 있다. 더 좋은 책일수록 더 많이 담겨 있는 것은 당연하다. 하루 일과를 마치면 선반에서 책 한 권을 꺼내 잠시나마 다른 세계 속으로 빠져보라. 독서를 잘 하지 않는 사람은 견문을 넓힐 수 있는 가장 쉽고 빠른 기회를 놓치는 것이다.

마음을 살찌우라!

어떤 책을 읽느냐는 한 사람의 인성에 큰 영향을 미친다. 인쇄술이 발명된 이후 좋은 책들을 골라 탐독한 사람들은 모두 견문이 넓다는 공통점이 있다. 링컨 대통령이 어린 시절 많은 책을 읽지 않았지만, 한 권을 읽어도 뜻을 완전히 이해할 때까지 읽고 또 읽으며 손에서 책을 놓지 않았다는 일화는 유명하다. 그가 읽은 책들 가운데는 웹스터 사전도 있었다. 제 18대 미국 대통령이었던 그랜트는 늘 자신이 좋아하는 책들에서 영감과 위안을 얻었다. 이러한 사람들은 위대한 사상가들을 영원한 친구로 만들고, 그들이 전하는 뜻을 되새기며 좋은 인성을 형성하는 밑거름으로 삼는다.

"좋은 책은 꼭꼭 씹어서 먹어야 마음이 살찐다."

'마음을 살찌우라!' 하지만 어떻게 살찌워야 할까? 답은 간단하다. 가치 있는 것들, 좋은 정보와 영감을 주는 것들을 꼭꼭 씹어서 소화하면 된다. 그러나 쓸데없고 가치 없는 정보는 소화불량만 안겨줄 뿐이다. 불량식품을 마구 먹어치우는 셈이나 다름없다. 좋은 책을 골라 꼼꼼히 읽는 습관은 어릴 때부터 들여야 한다.

좋은 책들은 진실하다……. 좋은 책을 읽는 동안, 우리는 저자가 느끼고 듣고 보고 이해하는 방식대로 느끼고 듣고 보고 이해하게 된다. 저자의 말에 깊은 공감을 느끼며 깨달음을 얻는 순간 새로운 시야가 열린다. 생각과 지식의 폭이 한층 넓어진다. 책 속에 몰입하는 동안 저자가 살았던 생각의 세상 속으로 초대받는다. 저자는 우리의 가장 친한 친구 못지않게 우리에게 실질적이고도 중요한 영향을 미칠 것이다. 점차 시간이 흐르면서 저자의 글들은 우리 삶에 영감을 주는 근원이 되고, 그리하여 우리는 저자에게 깊은 애정을 느끼게 된다.

우리의 '친구'가 되어주는 책들이 반드시 고전 작품일 필요는 없다. 잘 알려져 있지 않은 책들에서도 소중한 진실을 발견할 수 있다. 아무리 제본 상태가 나쁘고 활자가 작고 종이 질이 나쁘더라도 좋은 책은 금방 알아볼 수 있는 법이다. 제본이나 활자, 종이 질은 책 내용과 무관하다. 만나는 친구가 옷을 잘 차려입는 사람이면 좋겠지만, 옷이 그 친구의 인성을 말해주지는 않는다. 책도 마찬가지다. 조금 볼품없어 보여도 언젠가 모두가 읽고 싶은 고전이 될지…… 누가 아는가?

책을 고를 때는 신중해야 한다. 기숙사의 작은 꼭대기 방에 산다 해도 벽에 선반만 달면 좋은 책들을 꽂을 수 있다. 특히 에머슨의 에세이들은 충분히 소장 가치가 있다. 콩코드의 사상가 겸 시인인 에머슨만큼 독자들에게 영감을 주고 기운을 북돋워주는 미국 작가도 없을 것이다. 에머슨의 에세이들을 읽다보면, 지금 당장 자리에서 일어나 무언가를 하고 싶다는 욕구가 샘솟는다. 그의 글은 상쾌한 바람과도 같고— 강장제와도 같고— 아침 조깅과도 같다. 마음먹은 것을 행동으로 옮기도록, 다람쥐 쳇바퀴

갇던 삶에서 벗어나도록 우리를 자극한다. 매번 읽을 때마다 접하는 새로운 생각은 우리 마음을 살찌우는 자양분이 된다.

위는 먹은 것을 소화하고, 마음은 읽은 것을 소화한다. 셰익스피어와 사귀지 않으면 건강하고 활기찬 마음은 존재할 수 없다. 요즘에는 이 불멸의 작가가 쓴 작품들이 한 권으로 엮어서 출간되기도 한다. 특히 옥스퍼드 유니버시티 판은 저렴한 가격에 구입할 수 있다. 그고 선명한 활자에 종이 질이 좋다. 무엇보다 우리가 인생의 험난한 길을 무사히 지나도록 도움을 줄 수 있는 글들로 가득하다. 셰익스피어의 작품들을 꾸준히 읽고 그 뜻을 이해하는 사람이라면 다른 교육을 받을 필요가 없다. 에머슨처럼 셰익스피어도 세상의 진실들을 간결한 문장으로 압축하는 데 탁월한 재능을 보였다. 우리는 그의 작품들을 읽는 동안 새로운 우주 속으로 들어가는 느낌을 받는다. 좋은 글귀들을 암기하는 것도 좋은 방법이다. 그러면 일상생활에서 효과적으로 적용할 수 있다. 그 글귀들은 우리 마음을 다스려주고— 현실을 사는 우리에게 통찰력을 주며— 행동하고 창조하도록 자극한다. 그러한 책들은 우리 삶의 지속적인 동반자가 될 수 있다. 우리가 어디에서 무엇을 하든 셰익스피어와 같이 위대한 작가들이 전하는 뜻을 마음에 깊이 새길 필요가 있다. 그러면 아무것도 하지 않은 채 단조로운 삶에 매몰될 일은 없다.

미국인들을 위한 미국에 관한 책 중에는 루스벨트의 『서부 개척사Winning of the West』가 최고로 손꼽힐 것이다. 루스벨트는 자신의 흥미로운 생각들을 힘찬 필력으로 전하고 선조들이 미국을 개척하던 당시를 마치 그림 그리듯 생생하게 보여준다. 독자들은 개척 시대에 선조들이 겪었던 온갖 시련과 역경…… 그들이 보였던 불굴의 의지와 용기…… 배짱과 끈기를 대하며 큰 감동을 느끼게 된다. 그런 책을 읽는 것은 그 시절로 거슬러 올라가 선조들과 동고동락하며 함께 역경에 맞서고 열정을 공유하는 셈이나 마찬가지다.

책을 고를 때 한 가지 명심할 것은 우리에게 좋은 영감과 자극을 주는 책이어야 한다는 점이다. 글을 읽는 동안 마치 원대한 포부를 달성하기 위해 세상으로 나가는 듯한 기분이 들게 만드는 책이야말로 더없이 좋다!

좋은 책의 역할은 독자에게 영감을 주고 기운을 북돋워주는 것이다. 과거를 거슬러보면 알 수 있듯, 위대한 사람들은 모두 독서가들이었다. 책이 그들에게 좋은 영향을 미치지 않았다면, 그들이 과연 책을 가까이하려 했을까? 유명한 독서가였던 나폴레옹은 세인트헬레나 섬으로 유배되었을 때 한 장교에게 독서를 중단하지 말라고 조언했다.

이 세상의 가치 있는 것들 대부분이 책 속에 담겨 있다. 인류 역사의 각 단계, 더 나은 인류를 위한 모든 움직임, 노동의 발전 단계, 모든 아름다운 생각이 책 속에 있다. 더 좋은 책일수록 더 많이 담겨 있는 것은 당연하다. 하루 일과를 마치면 선반에서 책 한 권을 꺼내 잠시나마 다른 세계 속으로 빠져보라. 독서를 잘 하지 않는 사람은 견문을 넓힐 수 있는 가장 쉽고 빠른 기회를 놓치는 것이다.

좋은 책은 생각의 자양분인 동시에 창의력의 원천이다. 독서는 큰 통찰력과 비전을 얻을 수 있는 기회다. 우리는 책을 읽으며 꿈을 꾸고 그 꿈을 실현하기 위해 계획을 세우게 된다. 포부는 저자가 글을 쓰게 만드는 원동력인 동시에 우리가 힘을 얻고 앞으로 나아가게 만드는 원동력이다. 포부가 없다면, 우리는 어둠 속에서 길을 헤매는 어린아이와 다를 바 없다. 책은 우리의 길을 비춰주는 가로등과 같은 역할을 한다.

마든*과 허버드* 같은 작가들은 독자들에게 감동을 주어 포부와 열정을 가슴에 품게 한다. 그런 작가들은 깊은 성찰이 담긴 글을 쓴다. 우리가 안전하게 따를 수 있는 길을 제시하고, 우리가 스스로 행동하도록 자극한다. 내면의 성찰 없이는 깨닫기 힘든 삶의 진실들을 전한다. 그들의 생각은 귀한 경험들에서 나온 것이기 때문에 깊은 공감과 설득력을

---

* 오리슨 마든(Orison Swelt Marden1850~1924)_저서〈The Miracle of Right Thought〉가 유명하다.
* 앨버트 허버드(Elbert Green Hubbard 1856~1915)_ 저서 〈가르시아 장군에게 보내는 메시지〉가 유명하다.

얻는다. 그들의 가르침에서 무언가를 배우지 못한다면, 순전히 우리 자신의 나태함 탓이다. 우리는 결국 뒤쳐질 것이다. 앞으로 나아가지 못하고 세상에서 일어나는 일들을 호기심 어린 눈으로 구경하는 수준에 머물 것이다. 어쨌든 포부를 실현하는 데는 실패했다. 마음을 살찌우려는 노력을 게을리 했기 때문이다.

역사 소설이나 위인들의 삶을 읽으면 즐거움과 지식을 동시에 얻을 수 있다. 예를 들어 월터 스콧 경Sir Walter Scott과 제임스 페니모어 쿠퍼James Fenimore Cooper의 책들은 세계 최고의 명작들로 손꼽힌다. 그런가 하면 그랜트 대통령을 비롯한 유명 인사들의 자서전도 흥미롭기는 마찬가지다. 그런 책을 읽으면서 점점 좋은 책을 보는 안목이 높아질 것이다. 현대 자본가들의 이야기 역시 흥미로운 분야다.

돈이 넉넉지 않더라도 얼마든지 책을 읽을 수 있다. 책값이 부담스럽다면, 집 근처에 있는 공공 도서관을 이용하는 것도 좋다. 책은 이왕이면 활자가 크고 선명하며 종이 질이 좋은 것으로 선택하자. 그래야 편안한 마음으로 책에 더 몰입할 수 있다. 책을 가까이 하면, 책은 기꺼이 우리 삶의 든든한 동반자가 돼줄 것이다. 절대 요약판을 구입하지는 말자.

제본은 책을 고를 때 중요한 요소는 아니다. 하지만 좋아하는 작가의 책은 이왕이면 제본이 훌륭한 것으로 소장하고 싶을 것이다. 일단 셰익스피어, 에머슨, 루스벨트, 스콧, 쿠퍼, 마든, 허바드의 책들을 먼저 읽어보라. 그리고 다른 작가들의 책으로 눈을 돌려라. 물론 관심 있는 특정 분야를 다룬 책만을 읽는 사람도 있을 것이다. 그러나 인성에 좋은 영향을 미치는 다른 책들도 충분히 읽어볼 가치가 있다. 위대한 작가들이 쓴 책들을 탐독하다 보면 큰 깨달음과 통찰력을 얻을 수 있다. 특히 성경이야말로 우리에게 깊은 깨달음을 주는 책이다!

12장
운동을 생활화하자!

어떤 면에서 사람들은 나름의 지혜를 발휘하며 융통성 있게 살아간다. 그러나 몸의 근육이 적당해야 그런 수완을 잘 발휘할 수 있다. 예를 들어 프로권투 선수들은 일상생활에 지장을 받을 만큼 과도하게 근육을 키운다. 지나친 운동은 오히려 노화를 촉진한다. 과식이나 과음하는 것과 다를 바 없다. 그러므로 운동을 할 때도 절제력을 잃어선 안 된다. 지나친 것은 하지 않는 것만큼 나쁘다. 과거에는 40대 남성이 마치 환갑을 넘은 노인만큼 늙고 지쳐 보이는 경우가 많았다. 하지만 오늘날에는 50세를 넘어도 운동을 적당히 그리고 꾸준히 하면 나이보다 더 젊게 보일 수 있다.

운동을 생활화하자!

이 장에서 강조하는 바는 구체적인 운동법이 아닌 체력 단련의 필요성이다. 운동법에 관한 책은 시중에 많이 나와 있고, 마음만 먹으면 직접 트레이너의 지도를 받을 수도 있다. 더구나 다양한 운동 시설을 제공하는 체육관도 많다. 처음에는 누구나 각오를 다지며 열심히 운동한다. 그렇지만 꾸준히 하는 것이 중요하다. 체력 단련을 고되고 지루한 일로 여기지 않도록 습관처럼 몸에 배게 해야 한다. 강도 높은 훈련보다 일상에서 쉽고 간단히 할 수 있는 운동이 더 낫다. 운동이 습관이 될 때까지 인내심을 갖고 꾸준히 해보자.

무의식적으로 하는 운동은 전혀 수고스럽지 않다. 일상생활에서 바른 자세와 동작을 연습하고 몇 가지

스트레칭을 함께 하는 것만으로도 운동 효과를 얻을 수 있다. 의자에 앉을 때나 일어날 때 스트레칭을 가미한다. 예를 들어 앉아 있는 동안 두 다리를 상체와 직각이 되도록 들어 스트레칭을 해준다거나 양팔을 머리 위로 들어 스트레칭을 할 수 있다. 바르게 앉는 습관을 들이는 것도 중요하다. 엉덩이를 등받이에 밀착하고 어깨를 펴고 턱을 당기자. 몸이 한쪽으로 기울지 않도록 주의하라. 바른 자세를 유지하다보면 바르지 않은 자세가 오히려 불편하게 느껴질 것이다.

물론 이 모든 방법은 운동을 직업으로 삼지 않은 일반인들을 위한 것이다. 걸을 때는 경쾌하고 활기차게 걷자. 양팔을 흔들어보라. 몸 안에서 혈액 순환이 원활해질 것이다. 바닥에서 물건을 줍기 위해 몸을 구부릴 때도 여러 스트레칭 동작을 보탤 수 있다. 모자걸이에서 모자를 집을 때도 조금 뒤로 물러나 팔을 스트레칭하듯 펴보라. 옷을 입을 때도 그러한 방식으로 스트레칭을 하면, 마찬가지로 몸 안에서 혈액 순환이 활발해진다. 처음에는 의식적으로 하겠지만, 꾸준히 하다보면 익숙해져 전혀 힘들게 느껴지지 않는다. 또한 아침에 눈을 떴을 때와 저녁에 집에 돌아왔을 때 쉽고 간단한 운동을 습관적으로 해보자. 가장 좋은 운동은 즐기면서 하는 운동이라는 점을 잊지 말자.

아침 운동을 하면 몸이 개운해진다. 물론 식욕도 좋아진다. 머리부터 발끝까지 기분 좋은 자극을 준 후에는 아침 샤워로 마무리하자. 저녁 운동은 피로를 풀어주고 숙면을 취하도록 도와준다.

잠자리에서도 운동을 할 수 있다. 아침에 눈을 뜨자마자 곧바로 일어나는 대신 그대로 누운 상태에서 스트레칭을 해보라. 물론 크게 웃는 것도 잊지 말자. 곧 활기로 몸 안이 가득 채워질 것이다.

운동할 때 욕심을 부릴 필요가 없다. 운동을 지나치게 열심히 하면 오히려 근육이 경직되거나 필요 이상의 근육이 생기기도 한다. 운동선수가 아닌 일반인들에게 강도 높은 운동은 전혀 필요치 않다. 다만 우리는 일상을 편안하고 활기차게 보낼 힘을 기를 필요가 있다.

어떤 면에서 사람들은 나름의 지혜를 발휘하며 융통성 있게 살아간다. 그러나 몸의 근육이 적당해야 그런 수완을 잘 발휘할 수 있다. 예를 들어 프로 권투 선수들은 일상생활에 지장을 받을 만큼 과도하게 근육을 키운다. 지나친 운동은 오히려 노화를 촉진한다. 과식이나 과음하는 것과 다를 바 없다. 그러므로 운동을 할 때도 절제력을 잃어선 안 된다. 지나친 것은 하지 않는 것만큼 나쁘다. 과거에는 40대 남성이 마치 환갑을 넘은 노인만큼 늙고 지쳐 보이는 경우가 많았다. 하지만 오늘날에는 50세를 넘어도 운동을 적당히 그리고 꾸준히 하면 나이보다 더 젊게 보일 수 있다.

오랫동안 꾸준히 운동한 덕분에 매우 건강해 보이는 사람들이 주위에 더러 있다. 그들은 운동을 계획적으로 하면서도 특유의 낙천적인 기질을 발휘해 즐기며 한다. 보기에도 유쾌하고 활기차 보이기 때문에 몇 살은 더 어려 보인다. 유쾌한 마음이 육체적 건강에 얼마나 큰 영향을 미치는지를 우리는 좀 더 일찍 깨달을 필요가 있다. 앞에서도 강조했듯이 거리낌 없이 웃는 웃음은 가장 좋은 운동

가운데 하나다. 웃음은 심장과 폐를 튼튼하게 하고, 혈액 순환을 활발하게 하기 때문에 자주 웃는 사람은 확실히 건강해질 수밖에 없다.

웃음은 스트레스와 긴장을 날려버린다. 힘든 일도 꿋꿋이 견딜 수 있게 한다. 우리는 힘든 일을 겪을 때도 웃을 수 있어야 한다.

한 친구가 은행을 찾아 이렇게 물었다.
"주로 어떤 사람에게 대출을 해줍니까?"
은행원이 대답했다.
"저는 먼저 사람의 눈을 똑바로 쳐다봅니다. 그럼 대출을 해줘도 되는지 안 되는지를 알 수 있지요."
친구가 물었다.
"제가 지금 1만 달러를 빌릴 수 있겠습니까?"
"그럼요, 당연하지요."
은행원이 대답했다.

대출을 요청했던 친구는 몸과 마음이 건강한 사람이었다. 그가 마치 걸어다니는 무덤처럼 은행 안으로 들어왔다면, 결코 1만 달러를 대출 받지 못했을 것이다. 진실한 얼굴과 활기찬 표정이 그 사람의 자신감을 말해준다. 기운이 없고 시무룩한 사람에게는 어떤 기회도 오지 않는다. 몸과 마음이 모두 고단하다면 우선 몸부터 돌보라. 한 철학자는 "우울증은 생활 습관이 나쁜 사람들에게 온다."라고 말했다. 나는 그의 말에 전적으로 동의한다.

날마다 우리는 우리의 하루를 햇빛으로 채워야 한다. '약간의 우아한 말과 행동'이 우리의 삶을 환하고 따뜻하게 만들어준다는 점을 깨달아야 한다. 작은 호의, 격려의 말, 예의와 친절, 봉사, 진정한 우정과 사랑, 거리낌 없는 웃음, 도움의 손길을 내민 친구에게 표하는 진심 어린 고마움, 맡은 일을 책임감 있게 수행하는 성실함, 이 모든 것이 건강한 몸과 마음의 산물들이며, 우리 삶을 윤택하게 해준다. 그리하여 우리는 세상의 소금이 되는 건전한 사람들과 친구가 될 수 있다.

꾸준한 노력 없이 늘 건강하기를 바라는 것은 어리석다. 태엽이 풀리면 시계는 제대로 작동하지 않을 것이다. 우리는 늘 자신을 돌보는 일에 소홀해서는 안 된다. 그래서 이 세상이 우리에게 관심을 보이고 호의적이 되도록 만들어야 한다. 무언가를 이루기 위해서는 몸과 마음이 건강해야 한다. 이것이 진리다. 다른 어떤 것이 대신해서 무언가를 이룰 수는 없다. 우리는 몸과 마음을 똑같이 잘 다스려야 한다. 몸과 마음은 서로 상호작용하기 때문에 어느 하나라도 소홀히 여겨서는 안 된다.

행복은 자신을 돌보는 사람들에게만 온다. 행복은 건전하고 깨끗한 마음가짐의 자연스러운 결과다. 스스로 자신의 힘을 자각하는 즐거움이야말로 가장 큰 즐거움이다. 의식적인 삶은 매우 중요하다. 늘 자신에게 관심을 기울여라. 몸과 마음이 원하는 것에 귀 기울이고, 부족한 부분을 채워주어야 한다. 깊은 잠에서 깨면 운동과 샤워로 하루를 상쾌하게 여는 사람은 무엇이든 이룰 준비가 된 사람이다. 그의 세계는 맑고 깨끗하며, 햇빛이 사방을 비춘다. 그는 유쾌한 웃음과 함께 경쾌하게 길을 걸으며 만나는 모든 사람에게 희망과 기쁨의 메시지를 전한다. 그야말로 그의 몸과 마음은 건강하다!

13장
방종의 유혹을 뿌리쳐라!

자아를 시험하기 위해 위험을 무릅쓰는 것도 나쁘지 않다고 생각하는가? 그런 생각을 할 때 우리 귀에서 '경고음'이 울릴 것이다. 그때 우리는 이렇게 말한다. "뭐가 겁이 나서 망설이지? 위험을 무릅쓸 용기도 없다니 그게 더 나빠." 우리가 흔들리는 순간 누군가가 우리를 찾아온다. 그것은 바로 옛 친구인 방종이다!

방종의 유혹을 뿌리쳐라!

방종의 올바른 정의는 실패다. 방종은 크고 작은 타락의 집합체이기 때문에 실패는 당연한 귀결이다. 먹는 습관조차 절제력을 잃으면 타락으로 이어지기 십상이다. 실제로 무절제하게 폭식을 하는 사람들이 있다. 폭식은 몸과 마음의 균형이 깨졌음을 보여주는 단적인 증거다. 폭식은 그 자체로 천박하고 사악하다. 음식을 산더미처럼 쌓아놓고 게걸스럽게 먹는 사람들을 우리는 자주 본다. 그들은 그렇게 먹고도 더 먹으려고 음식에 거듭 손을 뻗는다.

그런 장면을 목격할 때 어떤 기분이 드는지 굳이 말하지 않아도 안다. 고개를 돌리고 싶게 만드는 장면이지만, 우리는 실제로 고개를 돌리지 않는다. 그런

추한 장면을 보고도 고개를 돌리지 않고 자꾸 쳐다보는 것은 인간의 자연스러운 본성이다. 동정심과 놀라움이 뒤섞인 감정을 느끼면서 말이다. 때때로 극장 안에서 등장인물이 음식을 게걸스럽게 먹는 장면을 보고 있노라면 음식을 먹고 싶은 욕망이 사라진다. 그 장면을 보는 것만으로도 식욕이 싹 가신다. 가만히 그 장면을 바라보는 동안 한숨이 절로 나올 것이다.

저명한 한 의학박사는 이렇게 선언한다.

"사람은 무엇을 어떻게 먹느냐에 달렸다!"

이 말에 적극 공감할 것이다. 마치 굶주림이 영원히 해소되지 않을 것처럼 쉴 새 없이 먹어대는 사람들을 보며 식욕마저 상실한 경험을 몇 번 해보았다면, 이 말에 이의를 제기하지는 못하리라.

그렇지만 방종은 식품영양학자가 완전한 해결책을 제시하지 못할 정도로 더 포괄적이다. 예를 들어 돈을 헤프게 쓰는 사람이 있다. 돈을 하도 뿌리고 다녀 그를 모르는 사람이 없을 정도다. 그는 언젠가 자신이 죽으면 많은 사람들이 자신의 관대함을 기억할 것이라고 희망한다. 그들을 위해 아낌없이 돈을 썼기 때문이다. 그러나 그것은 헛된 희망이다! 아무도 그를 그런 식으로 기억하지 않을 것이다. 뿌리치기 힘든 강한 유혹으로 사람들을 끌어모았던 그가 마침내 죽을 때, 그의 허세에 질렸던 사람들은 그제야 타락과 방종에서 벗어나 자신의 정체성을 찾게 될 것이다. 더 이상 그들은 그의 유혹을 뿌리치기 위해 뒷골목으로 몸을 숨기며 낯선 계단을 급하게 뛰어오를 필요가 없다.

사실 그는 그들이 가장 좋아할 만한 것이 무엇인지를 정작 그들 자신보다 더 잘 알았다. 그래서 자신이 피우고 마시는 담배와 술을 권하고 자신이 먹는 고급 요리를 먹게 하고 자신이 선호하는 브랜드의 넥타이와 외투, 모자, 신발, 심지어 속옷을 입게 했을 것이다. 물론 모든 비용을 지불하는 것도 잊지 않았으리라! 그래서 그들은 그런 작은 즐거움을 누리는 대가로 마치 큰 은혜를 입은 사람처럼 행동하고 그의 관대함에 찬사를 보내야 했으리라!

이 사람에 대해 우리가 어떤 판단을 내리든 명심해야 할 것이 있다. 돈을 헤프게 쓰고 싶어하는 무절제한 욕망은 사악하다. 또한 그런 사람 옆에 빌붙어 득을 보려는 욕망도 사악하다. 허세를 부리며 돈을 헤프게 써야 그나마 관대하다는 인상을 줄 수 있는 사람이라면, '타고나기를 교양 있고 우아한' 사람의 본을 받는 것이 더 현명한 선택이다.

그러한 사람은 누가 알아주기를 바라지 않고 자신을 드러내기 위한 수단으로 돈과 지위를 이용하지 않는다. 무엇이든 지나침은 좋지 않다. 그것은 방종이다. 절제할 수 있는 힘을 잃으면 자칫 방종에 빠지기 쉽다.

실패의 원인은 우리 자신에게 있다. 구차하게 변명을 늘어놓아도 정작 자기 자신은 잘 알 것이다. 모든 책임이 자신에게 있음을. 우리는 꾸준히 노력하며 앞으로 나아가지 못하고 중간에 비틀거리다 결국 주저앉았다. 자신의 안과 밖을 제대로 돌보지 않아 스스로 무너지고 말았다. 이 모두가 내적인 성찰과 자각을 게을리 한 탓이다. 정기적으로 자신을 점검해야 한다. 그런 과정이 없을 때 처음에는 의식하지 못하지만 점점 앞으로 나아갈 힘을 잃고 만다. 바로 그때 어떠한 유혹에도 쉽게 흔들릴 수 있다.

앞에서도 여러 번 강조했듯이 우리 자신을 점검하는 일을 잊어서는 안 된다. 자신의 약점과 결점이 무엇인지를 발견하고 그것들을 뿌리째 뽑은 다음 그 자리에 모진 날씨에도 잘 자라는 '내한성 다년생 식물'을 심어야 한다. 빠르면 빠를수록 좋다.

하지만 아무리 추위를 잘 견딘다 해도 알아서 잘 자라겠거니 생각하고 방치해두어선 안 된다. 그런 식물도 꾸준한 관심과 정성으로 돌봐줄 필요가 있다. 예를 들어 땅을 비옥하게 한다거나 물을 주어야 한다. 그렇지 않으면 이내 시들어버릴 것이다. 마찬가지로 몸과 마음의 조율과 재충전이 우리에게 반드시 필요하다. 그래야 좋은 인성들이 풍요롭게 자라날 것이다.

처음부터 그런 과정을 거쳤다면, 포부를 실현하는 과정에서 유혹의 손길을 받을 때 쉽게 흔들리지 않았을 것이다. '화려하고 태평한 거리'에 우리 자신이 발을 디디고 나서야 우리는 무언가 중요한 것을 길 어딘가에 떨어뜨렸다는 걸 알게 된다. 화려하고 태평한 거리는 겉으로는 매우 근사해 보일 수 있다. 우리 눈을 현혹하고, 감수성을 자극한다. 모두가 멋진 옷으로 차려입고 최고로 행복해 보인다. 거기에 잠깐 머물며 사람들을 구경해도 크게 문제될 것은 없어 보인다. 이 거리는 세상 사람들이 가장 많이 입에 올릴 정도로 매우 유명한 곳이다. 우리가 만나는 몇몇 사람들도 이 거리에 대해 이야기한 적이 있다. 그들의 말에 따르면, 그곳은 부자들이 다니는 유일한 거리다. 우리가 살면서 간절히 원하는 모든 것이 그곳에 다 있으며, 거기서 만나는 사람은 하나같이 지적이고 똑똑하고 예리하며 예술에 조예가 깊어 풍요로운 삶을 누리고 있다고 그들은 또한 말한다.

우리가 망실이지 않으면 그 '화려한 거리'를 안전하게 지나칠 수 있다. 스스로 경제력이 있으니 그

거리를 활보할 만한 자격이 된다고 생각할지도 모른다. 그러나 우리가 자각할 줄 안다면 그 길에서 서둘러 벗어나려고 할 것이다. 그 화려하고 태평한 거리에 마음을 빼앗겨 배회해서는 결코 안 된다.

자아를 시험하기 위해 위험을 무릅쓰는 것도 나쁘지 않다고 생각하는가? 그런 생각을 할 때 우리 귀에서 '경고음'이 울릴 것이다. 그때 우리는 이렇게 말한다.

"뭐가 겁이 나서 망설이지? 위험을 무릅쓸 용기도 없다니 그게 더 나빠."

우리가 흔들리는 순간 누군가가 우리를 찾아온다. 그것은 바로 옛 친구인 방종이다! 근사하게 차려입고 아무 근심이 없어 보이는 그 친구는 한때 '화려하고 태평한 거리'에 대해 우리 귀에 대고 속삭이며 자기를 보러 오라며 우리를 초대했었다. 그는 자신이 소유한 것들을 과시하는 데서 가장 큰 즐거움을 느낀다. 그리고 우리 손을 흔들며 우리를 어딘가로 이끈다. 우리는 그의 손을 뿌리칠 수 없다. 왜냐하면 그는 친절하고 무슨 부탁이든 흔쾌히 들어주기 때문이다.

그의 유혹 앞에서 우리는 무력하기만 하다. 우리 자아는 쉽게 약해진다. 웅장한 정문 앞에서 다시 핑계를 대며 집으로 돌아가려 하지만, 방종은 우리 말을 들으려고도 하지 않는다. 방종과 함께 정문 안으로 발을 디뎠을 때, 멋진 정원이 펼쳐진 대저택을 보고 눈이 휘둥그레진다. 지금까지 그러한 저택을 한 번도 보지 못했을 뿐 아니라 실제로 존재한다고도 생각지 못했기 때문이다. 이 경험은 우리 삶에 큰 변화를 가져다줄지 모른다.

빌 나이*는 이렇게 말했다.

"언덕을 내려갈 때는 모든 것이 순조롭게만 느껴진다."

그러나 그렇게 쉽게 내려가다 어느 순간 '미끄러져 넘어질지 모른다!'

* 빌 나이(Bill Nye 1850~1896)_ 미국의 저명한 저널리스트.

14장
인색하게 살지 말자!

나는 결코 절약하는 습관을 비난하기 위해 이 주제를 택한 것이 아니다. 오히려 개인의 행복을 희생하면서까지 지나치게 절약하는 습관이 나쁘다는 점을 말하고 싶은 것이다. 가장 현명한 태도는 삶을 즐기면서 적당히 저축하는 것이다. 그래야 기업이 금융 기관으로부터 신용을 얻듯이, 친구들에게서 신용을 얻을 수 있다.

인색하게 살지 말자!

이 주제에 대해서는 좀 더 깊이 다룰 필요가 있다. 좋고 나쁜 것도 사정 나름이기 때문이다. 즉, 사정에 따라 평가도 달라진다. 모든 문제를 바라보는 건전한 시각이 있으며, '수입을 초과한 지출'은 우리가 당면한 중요한 문제 가운데 하나다. 만약 모두가 똑같고 하는 일도 같다면, 한 단락만으로도 이 문제를 충분히 다룰 수 있을 것이다. 그렇지만 사람은 저마다 처한 상황이 다르게 마련이다. 또한 역량도 달라서 어떤 사람은 쉽게 해내는 것도 다른 사람은 쩔쩔맬 수 있다. 따라서 이 주제에 대해 좀 더 자세히 다루고자 한다.

대다수 사람들에게 빚은 매우 무거운 짐이다.

하지만 어떤 사람에게는 큰 문제가 되지 않을 수 있다. 단지 개인의 역량과 관점의 차이다. 물론 무리해서 빚을 지는 것은 분수에 맞지 않는 삶이다. 빚을 갚는다는 것은 분수에 넘치는 삶을 청산하고 절약과 저축을 실천에 옮김으로써 생활 방식을 완전히 바꾼다는 의미다. 어떤 사람은 이를 쉽게 해내지만, 다른 사람은 최선을 다해도 끝내 생활 습관을 바꾸지 못한다. 또 어떤 사람은 자신을 바꾸기 위해 아무런 노력도 하지 않는다. 하지만 사실 빚을 낸 후 형편이 얼마나 좋아지느냐 아니냐에 따라 분수에 넘치는 삶이 약이 되기도 하고 독이 되기도 한다. 예를 들어 빚을 내서 무리하게 사들인 배를 타고 바다로 가 많은 고기를 잡았다면, 빚을 갚는 것은 시간문제일 것이다. 특히 빚을 청산하기 위해서라도 목표를 향해 열심히 노력하는 사람이라면 당장의 빚이 크게 문제될 것은 없다.

가끔은 버는 수입보다 더 많은 돈이 필요할 만큼 절박한 때가 있다. 그럴 때는 어쩔 수 없이 돈을 빌려야 한다. 그런데도 막상 빌릴 만한 데가 없거나 그 동안 대출을 받을 수 있을 만큼의 신용을 쌓지 못했다면, 그래서 가진 돈을 모두 지출하고 몇 달간 끼니를 제대로 먹지 못하더라도 누구를 탓할 수는 없을 것이다. 그렇기 때문에 평소에 신용을 쌓지 못했다면, "나는 늘 현금으로만 지불해." 혹은 "나는 누구에게 단 한 푼도 빚진 적이 없어." 또는 "나는 분수에 넘치게 살지 않을 거야."라는 말이 그다지 자랑은 아니다. 특히 가족 중 누가 갑자기 죽거나 예상치 못한 상황에 휘말려 경제적으로 큰 타격을 입을 때 도움을 청할 곳이 단 한 군데도 없다면.

한편 극단적으로 절약하는 사람들이 있다. 자기 옆에 어떤 공간도 허용하지 않을 만큼 지나치게 인색한 사람들이다. 안타깝게도 그들은 점점 소중한 것들을 많이 놓치게 될 것이고, 점점 즐거움이 메마른 삶을 살 수밖에 없다. 심지어 가족들에게도 자신의 생활 방식을 강요한다면, 문제는 심각해진다. 아들들은 독립할 나이가 되자마자 아버지를 떠나려 할 것이고, 딸들은 서둘러 결혼하며 숨통이 트이는 걸 느낄 것이다. 결국 떠나지 못하는 아내만

남아 숨 막힌 삶을 내내 견디며 살아야 할 것이다.

이는 매우 극단적인 예라고 할 수 있다. 나는 결코 절약하는 습관을 비난하기 위해 이 주제를 택한 것이 아니다. 오히려 개인의 행복을 희생하면서까지 지나치게 절약하는 습관이 나쁘다는 점을 말하고 싶은 것이다. 가장 현명한 태도는 삶을 즐기면서 적당히 저축하는 것이다. 그래야 기업이 금융기관으로부터 신용을 얻듯이, 친구들에게서 신용을 얻을 수 있다.

사업상의 신용은 돈보다 더 큰 가치가 있다. 현금은 오로지 금액에 따라 가치가 정해지지만, 신용은 무한한 잠재적 가치가 있기 때문이다. 한평생 현금으로만 거래하던 사업가는 사업을 확장할 때 한 가지 걸림돌을 발견한다. 그것은 바로 신용이다. 늘 현금만 지불했다면 은행에서 돈을 빌릴 때 대출 심사에서 불리해질 수 있다. 그는 지금까지 신용을 쌓는 일에 소홀했다. 오직 현금으로만 거래해 왔기 때문에 은행에서는 그의 신용을 평가하기가 어렵다.

만약 화재가 나서 회사 건물이 소실되거나 은행이 도산해서 예금액을 돌려받지 못하는 상황이라도 생기면, 포부는 쉽게 꺾어질 수 있다. 신용 없이는 다시 재기하기 어려울 것이다.

물론 '흐린 날'에 대비해 저축을 해야 한다. 그러나 은행에 돈을 맡기는 것만 저축이 아니다. 외모를 가꾸는 습관도 일종의 저축이다. 한 푼이라도 아끼겠다고 굽이 닳은 신발을 계속 신고 초라한 옷차림으로 다녀서는 안 된다. 옷차림에 무관심하면 사람들에게 좋은 인상을 주기는 어렵다. 옷차림은 첫 인상을 결정하는 데 중요한 영향을 미치기 때문이다. 깔끔하고 우아한 이미지는 적어도 손해 볼 일을 만들지 않는다. 오히려 좋은 인상을 남길 수 있다. 예를 들면 그 사람의 인성도 외모만큼이나 바를 것이라고 사람들은 생각한다. 한 푼이라도 아끼겠다고 질 나쁜 싸구려 옷을 입으면 돈을 조금 더 들여 좋은 옷을 입은 사람에 비해 장기적으로도 더 큰 손해다. 좋은 옷을 입으면 처음에는 돈이 더 많이 들긴 해도 오랫동안 입을 수 있고 입을수록 멋스럽다. 그렇지만 질이 떨어지는 옷은 세탁할수록 더 닳기만 해서 초라해 보이기 십상이고 그 사람의 품위마저 떨어뜨린다.

단지 돈이 아까워서 외모를 품위 있게 가꾸는 노력을 게을리 한다면, 좋은 기회들을 놓칠 가능성이 높다. 특히 다양한 사람들과 교류하며 새로운 영감을 얻고 좋은 자극을 받을 수 있는 기회를. 단순히 독서만으로 원하는 모든 지식을 얻을 수는 없다. 사람들과 어울리며 생각을 주고받는 과정에서 막연히 알던 지식을 구체화하고 실질적으로 응용할 수도 있다. 지적인 사람은 어디에서든 환영을 받지만, 외모는 사람들의 호감을 사는 데 결정적인 영향을 미친다. 외모가 깔끔하고 우아하다면 사람들과 쉽게 친해질 수 있으리라.

사람들은 이렇게 말할지 모른다.

"똑똑한 사람인데 너무 볼품없이 하고 다니니까 보는 내가 다 안타까워."

행색이 초라한 사람은 결국 사람들의 신뢰를 잃은

것이다. 조만간 양단간에 결정을 내려야 하리라. 품위를 희생하면서까지 인색하게 구는 삶을 당장 중단하거나 아니면 사람들과 어울리는 기회를 포기하고 편협한 사고에 빠져 인색한 생활 습관을 그대로 유지하는 것이다.

여기서 중요한 것은 중용이다. 그래야 인색하지 않은 삶을 후회 없이 살 수 있다. 극단에 치우치지 않고 바람직한 타협점을 찾을 필요가 있다.

놀기 좋아하는 사람들과 어울리며 많은 돈을 쓰느라 앞으로 찾아올지 모를 큰 기회에 대비해 모아둔 돈이 바닥난다면, 여기서 강조하는 '인색하지 않은 삶'과는 한참 거리가 있다. 많은 젊은이들이 경제적 형편이 넉넉지 않더라도 대학에 들어간다. 대학을 다니는 동안 돈을 아끼기는커녕 지출만 늘어난다. 그러나 돈을 쓰는 것이 실제로 돈을 모으는 셈이나 다름없다. 당분간 통장 잔고는 줄겠지만, 대신 지식을 쌓을 수 있다. 그렇다고 저축을 하지 말라는 의미가 아니다. 대학 시절에는 지식을 쌓는 데 투자하는 것이 통장 잔고를 늘리는 것보다 훨씬 현명한 선택이다.

뚜렷한 목표 의식이 있고 고정 수입이 있다면, 저축은 꼭 필요하다. 건전하게 돈을 모으려면 예금을 하거나 투자를 하는 방법밖에 없다. 전자는 꼬박꼬박 이자가 붙는 통장에 돈을 맡기는 것이고, 후자는 더 큰 이익을 내기 위해 어떤 사업에 돈을 맡기는 것이다.

저축을 주제로 천 명 가량의 사람들과 인터뷰하며 그들의 경험담을 듣는다면, 이자가 꼬박꼬박 붙는 통장에 돈을 맡기는 것이 가장 안전한 방법이고, 더 큰 이익을 기대할 수 있는 투자처를 찾는 것보다 훨씬 더 안전한 방법임을 다시 한 번 실감하게 될 것이다. 특히 후자는 위험 부담이 크기 때문에 훨씬 많은 시간과 정성을 들여야 하는 만큼 본업에 소홀해질 가능성이 높다.

사실 부자가 되는 것이 모두의 관심 분야는 아니다.

다른 것을 최고의 가치로 두는 사람도 많다. 실제로 중류층이 하류층이나 상류층에 비해 행복 지수가 더 높다. 중용을 지키며 삶을 제대로 즐길 줄 아는 사람이 행복하다. 그런 삶에 만족하지 못하고 극단으로 치달을 때 체력은 약해지고 신경은 날카로워진다. 그리하여 공기가 맑고 깨끗한 푸른 목장에서 스스로 점점 멀어지게 된다.

15장
주체성과 자주성을 기르자!

주체적이고 자주적이 되는 것은 우리 모두에게 매우 중요한 의미를 지닌다. 하지만 그 중요성을 간과한 많은 사람들이 평생을 누구에게 의지하며 보내려고 한다. 언제나 남이 하라는 대로만 하는 사람은 자신의 잠재력을 발휘할 기회를 얻지 못한다. 그래서 발전하지 못하고 늘 그 자리에 머물 수밖에 없다.

주체성과 자주성을 기르자!

앨버트 허바드Elbert Hubbard는 주체적인 사람을 '누구의 간섭이나 지시를 받지 않고 적절한 시기에 적절한 행동을 하는 사람'이라고 정의한다. 그런 사람은 당연히 자주적인 사람이기도 하다. 친구들에게 의지하지 않는 대신 그들과 당당히 함께 선다. 역경 앞에서 도움을 요청하기보다 스스로 그 역경에 맞서 싸운다.

한때 한 지역신문 편집장이 풋내기 신문기자에게 어떤 사람을 인터뷰하고 오라고 지시했다. 그 젊은 기자는 잠시 머뭇거리다 물었다.

"어디서 그 사람을 찾죠?"

편집자는 그를 한심하다는 듯 쳐다보며 대답했다.

"찾을 수 있다면 다 찾아지니까 일단 가보기나

하게."

기자로서 그 젊은이의 직업 수명이 다한 것처럼 보일지도 모른다. 그러나 결과는 정반대였다. 그는 편집장의 말에 자극을 받아 혼자 힘으로 맡은 임무를 완수했다. 줄곧 프로 정신을 발휘하지 못하고 실수를 연발했다면, 아마 직장뿐 아니라 용기마저 잃어 성공할 수 있는 기회를 영영 놓치고 말았을 것이다. 그는 주어진 일을 스스로 처리하며 주체적이고 자주적인 사람이 되려고 노력했고, 그 결과 유능한 기자가 될 수 있었다.

주체적이고 자주적이 되는 것은 우리 모두에게 매우 중요한 의미를 지닌다. 하지만 그 중요성을 간과한 많은 사람들이 평생을 누구에게 의지하며 보내려고 한다. 언제나 남이 하라는 대로만 하는 사람은 자신의 잠재력을 발휘할 기회를 얻지 못한다. 그래서 발전하지 못하고 늘 그 자리에 머물 수밖에 없다.

그는 자주적으로 행동하는 대신 매사에 망설이고 흔들리고 자신이 없다. 쿵 하고 떨어진 돌처럼 바닥으로 떨어진다. 암초에 부딪쳐 좌초한 배처럼 오도

가도 못한다. 그곳에서 벗어날 용기를 내지 못한 채 결국 자신의 그림자를 보고도 놀라는 겁쟁이가 된다.

우리는 우리 자신에게 오는 기회들을 잘 활용해야 한다. 그렇지 않으면 상황에 끌려 다니게 된다. 물론 우리에게 무슨 일이 생길지는 일단 부딪쳐봐야 안다. 그런데 그것이 두려워 망설이는 사람들이 많다. 자신 없음은 일종의 비겁함이다. 용기를 내기도 전에 용기가 발끝에서 빠져나간다. 그런 사람들은 기발하고 뛰어난 아이디어가 있어도 자신감이 없어서 그 아이디어를 적극적으로 선전하지 못한다. 저명인사 앞에서 금방 자신감을 잃고 쥐구멍에라도 들어가고 싶은 마음만 앞선다. 자신감을 내지 못할수록 자신감과 용기는 곤두박질을 거듭할 것이고, 마침내 완전히 무력해져서 혼자 힘으로 아무것도 할 수 없게 된다.

뛰어난 아이디어를 가진 사람들은 후원자의 지지를 얻어 그 아이디어를 가능성 있는 사업으로 추진할 수 있기를 기대한다. 그렇지만 불행히도 아이디어를 선전할 수 있는 배짱이 없다면, 그 아이디어는 원대했던 포부와 함께 휴지통에 직행하는 운명에 처하게 된다. 그리고 실패의 관에 또 다른 못이 박힐 것이다.

우리는 그들이 뒷문으로 도망치기 전에 등을 두드려주거나 따뜻한 조언을 줄 수 있다. 설교하거나 무엇을 강요하는 대신 적어도 도움의 손을 내밀거나 목표 실현을 위한 올바른 길을 제시해주는 것이 더 현명한 방법이다.

그들에게 가장 필요한 것은 체력 단련이다. 어쩌면 위나 치아 등 어느 한 부분이 안 좋을 수 있다. 우선 운동을 꾸준히 해야 한다. 신선한 공기를 마시고 오래 걷고 복식 호흡을 연습하고 아령을 들고 줄넘기를 하고 맨손체조를 꾸준히 하는 동시에 건전한 사람들과 정기적으로 교류해야 한다. 그들에게 가장 실질적으로 도움이 되는 운동은 권투다. 눈을 가격당해도 중간에 포기하지 않고 끝까지 싸울 때 더불어 마음도 강해진다. 담력이야말로 전쟁과도 같은 삶에서 그들이 반드시 갖추어야 하는 것이다. 턱을 강타당해 심한 통증을 느껴도 끝까지 물러나지 않고 상대방에게 강펀치를 날릴 수 있는 담력이 있어야 한다. 그리고 체력 단련 못지않게 중요한 것이 바른 식습관과 숙면이다. 건강하고 자신감 있는 삶을 위해 이 세 가지를 꼭 실천해야 한다.

성공은 용기의 문제다. 녹다운되더라도 마음을 단단히 먹고 다시 일어나 상대방에게 강펀치를 날릴 수 있다면 담력은 길러질 것이다. 육체와 정신과 영혼은 서로 밀접히 연결되어 있어서 체력이 단련되면 마음도 단련된다.

몸으로 싸워 치열하게 승부를 겨룰 수 있다면 담력과 기지로 상대와 겨루는 일이 두렵지 않을 것이다. 따라서 체력 단련은 주체적이고 자주적인 사람이 되기 위해 매우 중요한 과정이다.

체력 단련의 목적은 우리 스스로 패배를 모르는 사람이 되는 것이다. 난관에 봉착할 때 그 난관을 뛰어넘을 수 있어야 한다. 급할수록 돌아가라는 말이 있지만, 주체적이고 자주적인 삶과는 거리가 멀어 보인다. 주체적이고 자주적인 사람들의 공통점은 핑계를 대지 않으며 성공했다고 우쭐대지도 않는 것이다.

그들은 근거 없는 비난을 참고 듣지도 않지만 박수갈채를 받길 기대하지도 않는다. 다만 공정한 대우와 신뢰를 바랄 뿐이다. 그들은 넘어져도 다시 일어나 원하는 목적지에 반드시 도달한다. 실패를 성공으로 바꾸는 방법을 안다.

그러한 영혼이 있는가 하면, 무슨 일이든 생각대로 되지 않는다며 푸념을 늘어놓는 영혼도 있다. 그들은 자신을 믿지 못하고 그저 할 줄 아는 거라고는 푸념을 받아주는 사람들에게 징징거리는 것이다. 그런 사람들은 세상에서 가장 무능한 존재다. 그저 명령대로 움직이는 종이나 남의 뒤를 따르기만 하는 추종자가 될 수 있을 뿐이다. 만약 그들이 좀 더 빨리 자신을 객관적으로 들여다보는 자기 성찰을 거쳤다면 지금과는 전혀 다른 모습일 수도 있었으리라. 그러나 살아 있는 한 아직 희망과 기회는 있다. 다만 그들이 어떻게 하느냐에 달렸을 뿐이다.

주체적인 사람들은 힘든 시련이 닥쳐도 주저하지 않고 앞으로 나아간다. 1812년 전쟁(미국과 영국의 전쟁)에서 용맹을 떨친 앤드류 잭슨Andrew Jackson을 굳이 예로 들지 않아도 주위를 둘러보면 알 수 있다.

가령 큰 화재가 났을 때 불길 속으로 용감하게 뛰어들어 많은 목숨을 구한 소방수의 이야기를 우리는 신문을 통해 자주 접했을 것이다. 그런 사람은 자주적이다. 위험한 상황에 대비해 훈련을 받고, 그런 상황이 실제로 벌어지면 곧장 자신이 해야 할 일을 행동으로 옮긴다.

물론 훈련 없이 완벽하게 일을 수행하기는 어렵다. 일을 서투르게 했다면 세인의 따가운 눈총을 감당해야 했을 것이다. 때때로 뜻하지 않게 영웅이 되는 사람이 있다. 하지만 그가 영웅이 될 수 있었던 것은 결코 우연이 아니다. 그는 주체적이고 자주적인 사람이기 때문이다. 미국 정계의 거물이었던 아치볼드 C. 버트Archibald C. Butt는 그런 사람이었다. 그는 초호화 여객선 타이타닉 호의 승객 가운데 한 명이었다. 배가 침몰하기 직전 여성들과 아이들이 배에서 무사히 내려 구명보트에 탈 수 있도록 도왔지만, 정작 자신은 침몰하는 배에 남았다. 구명보트 수가 충분하지 않았기 때문이다. 타이타닉 호의 승객 중 최고의 부호였던 제이콥 애스터Jacob Astor도 여성과 약자를 우선 보호한다는 원칙에 따라 구명보트에 타는 대신 배에 남아 최후를 맞았다.

그런 사람은 어디에든 있다. 매일 아침 출근길에 마주치는 사람들 중에도 있을 것이다. 위기가 닥칠 때 그는 사태를 수습하기 위해 주저 없이 앞으로 달려갈 것이고, 모두가 그의 말에 자연스럽게 따를 것이다. 사태가 마무리되면 다정한 목소리로 우리를 안심시킬 것이고, 우리는 안도하며 우리의 길을 계속 갈 것이다.

이들이 없었다면 세상이 어떻게 움직일 수 있었을까? 역사는 수많은 영웅들의 이야기로 가득하다. 수많은 잔 다르크들이 수많은 상황에서 묵묵히 영웅적인 행동을 했다. 진정으로 용기 있는 영혼은 박수갈채를 사양한다. 진정한 영웅은 보상을 바라지 않는다. 적절한 때에 적절한 행동을 한 것 자체로 그들에게는 보상이 된다.

주체성과 자주성은 어느 인종에 국한되지 않는다. 물론 개인의 자유가 보장되는 나라에서 더 크게 발휘되는 것은 사실이다. 여하튼 위기의 순간이 닥칠 때, 주체적이고 자주적인 사람은 사태를 관망

하기보다 수습하기 위해 애쓴다. 세계대전이 벌어지는 동안에도 세간에 알려지지 않았지만 기지와 용기를 발휘해 수많은 전우들의 목숨을 구한 전사들이 많았다. 그러한 미담은 내용을 달리하며 인류의 역사가 끝나는 날까지 계속될 것이다. 이 세상에서 없어선 안 되는 존재인 주체적이고 자주적인 사람의 수가 더 늘도록 하기 위해 우리는 우리의 역할을 다 하는 것이 현명한 일일 것이다.

우리는 계속 움직여야 한다. 주체성이 부족해 판에 박힌 삶에서 벗어나지 못하는 사람들은 나이가 들면서 더욱 벗어나기 힘들어진다. 그래서 아직 희망이 있을 때 그곳에서 벗어나기 위해 노력해야 한다. 구체적인 계획을 세워보라. 눈을 돌려보면 우리가 할 수 있는 일이 세상에 많다는 걸 알게 되리라. 우리가 우리 자신을 믿고 한 걸음 앞으로 내디딜 때, 기회는 반드시 올 것이다.

16장

좋은 기회를 놓치지 말라!

실질적인 기회를 잡느냐 그렇지 못하느냐는 우리 자신에게 달렸다. 다양한 경험을 하고 꾸준히 노력해 조금씩 성과를 거둘 때, 통찰력은 커진다. 무엇을 해야 하고 어디로 가야 하는지를 알게 된다! 하지만 그것을 모르는 사람에게 기회란 존재하지 않는다.

좋은 기회를 놓치지 말라!

'기회는 두 번 오지 않는다'는 옛 속담이 있다. 그러나 틀린 말이다. 기회는 거의 매일 문을 두드린다. 그리고 열렬한 환영을 받는 걸 좋아한다. 기회가 자주 찾아가는 곳은 문이 활짝 열린 집이다. 마치 "언제든 따뜻한 커피를 준비해 놓고 기다릴게요."라고 말하는 것 같아서다. 이와 달리 안이 어두컴컴하고 문이 굳게 잠긴 집을 기회는 그냥 지나치고 싶어한다.

마치 '빈 집!'이라는 표지판이라도 붙어 있을 것 같아서다.

하지만 그 집에는 바보가 살고 있고, 거의 잠을 자며 시간을 보낸다. 누가 문을 두드리면 귀를 막고 얼굴을 이불 속에 파묻는다. 어쨌든 그는 운이 나쁜 사람이다. 좋은 신발은 그에게 사치다. 그 신발을 신고 빈둥거리기밖에 더하겠는가. 기회가 문을 두드렸을 때, 그는 그 소리를 들은 적이 없다고 말할지도 모른다. 그 말이 사실이라 해도 기회가 집 근처를 지나가는 소리는 자주 들었을 것이다. 다른 사람들은 기회가 오는 소리를 단번에 알아들었다. 그는 기회와 정면으로 마주했다면 단번에 알아봤을 거라고 확신한다. 그렇지만 알아봤더라도 기회와 좋은 관계를 맺지는 못했을 것이다.

사실 그를 따르는 것은 '불운'이었다. 이웃들 몇몇은 자연스럽게 그를 멀리했고, 어떤 이웃들은 동정하기는커녕 그에게 줄곧 빈정거렸다. 그래서 그는 이웃들과의 만남을 피하고 사람이 많이 다니는 길을 일부러 다니지 않았으며 그토록 만나고 싶어 했던 기회의 접근조차 막았다. 결국 절망스럽고 수치스럽게도 그는 숲 속으로 달아나 종적을 감추었고, 그 후 그의 소식을 들은 사람은 아무도 없었다. 기회는 여전히 그의 이웃들을 방문했지만, 그의 집으로 이어진 길에는 잡초만 무성하게 자랐다.

실질적인 기회를 잡느냐 그렇지 못하느냐는 우리 자신에게 달렸다. 다양한 경험을 하고 꾸준히 노력해 조금씩 성과를 거둘 때, 통찰력은 커진다. 무엇을 해야 하고 어디로 가야 하는지를 알게 된다! 하지만 그것을 모르는 사람에게 기회란 존재하지 않는다.

'몰라도 손해 볼 것은 없다' 라는 말이 있다. 그렇지만 기회가 우리 곁을 스쳐가도 이를 알아채지 못한다면, 우리는 인생에서 손해를 보는 것이다.

통찰력이 있는 사람에게는 많은 기회가 있다. 그러나 모든 기회가 다 우리에게 이로운 것은 아니다. 스스로 우리 자신을 위해 만드는 기회야말로 가장 좋은 기회다. 예를 들어 '아이를 갖는 것' 은 가장 큰 긍지와 기쁨을 누릴 수 있는 기회다. 그때 우리는 어떤 의미에서 우리 운명의 주인이 된다. 게다가 더욱 독립적이 될 수 있다. 우리는 꿈을 실현하기 위해 폭넓은 지식과 지혜를 섭렵할 필요를 자주 느낀다. 그래서 책을 많이 읽고 여기저기 두루 다니며 다양한 경험을 한다. 그러는 과정에서 다른 사람들에게 도움을 받기도 하고 주기도 한다. 마침내 우리는 우리가 하는 모든 것이 다른 것들과 밀접한 관련을 맺고 있으며, 모두가 어느 정도 다른 사람들에게 의존하며 살아갈 수밖에 없다는 통찰력을 얻게 된다.

이러한 통찰력은 우리를 좀 더 겸허하고 관조적인 사람으로 만든다. 우리에게 늘 좋은 기회만 오지 않으며, 좋은 기회를 얻기 위해서는 통찰력이 필요하다. 어떤 사람은 뜻하지 않은 불운을 만나 직장을 구하느라 애를 먹을지 모른다. 그러는 동안에 나쁜 유혹에 흔들릴 수도 있다. 그럴 때 나약해진 마음을 다잡고 정직함, 성실함, 바른 몸가짐과 마음가짐 등 좋은 자질을 거듭 계발하여 스스로 더 나은 모습으로 발전한다면, 언젠가 좋은 기회가 분명 찾아올 것이다. 우리가 명심해야 할 것은 뚜렷한 목표 의식을 갖고 그 목표를 향해 흔들림 없이 나아가야 한다는 점이다. 중간에 불운이 찾아와 상황이 생각처럼 되지 않는다 하더라도 자신에게 좋지 않은 기회는 뿌리칠 줄 알아야 한다. 세상에는 많고 많은 일이 있지만,

모든 것이 실질적인 기회를 반영하지 않는다. 그중 일부는 우리가 단호히 거절해야 하는 것들이다.

그런 기회를 잡지 않는 것은 우리에게 덕이 된다. 좋은 기회를 잡지 못하는 것이 수치인 것처럼.

사회적으로 탄탄한 입지를 구축한 사람들을 만날 때 기회가 오기도 한다. 진취적이고 적극적인 면이 이롭게 작용하기 때문이다. 운명을 스스로 개척할 줄 아는 사람들은 기회가 찾아올 때 숨거나 물러나는 법이 없다. 진취성과 자주성을 기르고 몸과 마음을 돌보고 건강을 유지하고 강한 의지와 각오로 무장할 때 우리가 이루지 못할 것은 아무것도 없다. 재계의 리더들이 원하는 인재가 바로 그런 사람이다. 단정한 옷차림과 밝고 자신감 있는 표정, 맑은 눈빛, 여유로움과 융통성을 갖춘 사람에게는 반드시 큰 기회가 오게 마련이다.

책임을 맡은 후에는 주어진 기회에 충실해야 한다. 다시 말해 주어진 임무에 충실해야 한다! 예를 들어

석탄을 채굴하는 광산의 책임자라면 작업복을 입을 것이고, 웅장한 오페라 극장의 매니저라면 우아한 정장을 차려입을 것이다. 지극히 당연한 이야기다. 그러나 주변을 둘러보면 많은 사람들이 자신이 하는 일에 얼마나 무관심하고 소홀한지를 알 수 있다.

그들은 그런데도 자신에게 절호의 기회가 올 거라고 기대한다. 그들의 근거 없는 기대는 순전히 통찰력 부족에서 비롯되었다.

기회는 우리 자신 안에 있다. 기회의 올바른 몫을 잡을 때 열심히 노력한 결과에 대해 스스로 자부심을 느끼고 웃으며 살 수 있게 된다!

17장

용기와 함께 하라!

용기는 다른 자질들처럼 노력 여하에 따라 얼마든지 크게 키워질 수 있다. 특히 어릴 때 시작할수록 결과는 더 좋다. 용기가 부족하면 대신 두려움이 자란다. 경솔한 부모가 아이 마음에 두려움을 키운다. 아버지의 무관심과 어머니의 과잉 보호야말로 자녀를 지나치게 겁이 많은 아이로 만드는 주범이다. 아이 마음에 두려움의 씨앗이 뿌려지면 아이는 의존적으로 자라게 된다. 어른이 된 후에 두려움을 극복하기란 쉽지 않다.

용기와 함께 하라!

책임을 떠맡길 두려워하는 사람들은 늘 남의 지시를 받기만을 원한다. 자업자득이란 말만큼 공정한 것도 없다. 능력이 뛰어난 사람들이 단지 책임을 떠맡길 싫어서 자신보다 능력이 떨어지는 사람들 밑에 들어가는 경우를 우리는 종종 보게 된다. 그들은 리더십을 발휘하지 못한다. 모든 것을 소유했지만 단 하나 부족한 것이 있다면, 그것은 용기다. 마음에 두려움이 자리 잡고 있어서 자꾸만 움츠러든다. 두려움이 그들의 예민한 영혼을 갉아먹는다. 그래서 포부가 원대해도 그 포부를 달성하는 데 애를 먹는다. 사람들은 이렇게 말한다.

"다 좋은데 사람이 지나치게 소심해."

그에게는 무언가가 결핍되어 있다. 제 3자의 입장

에서 그것이 무어라고 딱 꼬집어 말할 수 없지만, 훌륭한 능력을 두루 갖추었으면서도 결핍된 그 무언가가 인생에 큰 걸림돌이 된다면 참으로 안타까운 일이다.

친절하게도 우리의 결점을 안타까워해주는 사람에게 우리는 고마움을 표해야 할 것이다. 그렇지만 듣는 사람은 다르게 받아들일 수 있다. 생각해줘서 하는 말에도 시큰둥한 반응을 보이거나 빠르게 거부감을 보일지도 모른다. 열등감을 자극했기 때문에 어쩌면 격한 말다툼으로 번질 수도 있다. 결점 하나가 다른 뛰어난 자격들을 압도할 수 있을 만큼 한 사람에게 부정적인 영향을 미치므로 이 결점을 극복하기 위한 노력은 매우 시급하다.

용기는 다른 자질들처럼 노력 여하에 따라 얼마든지 크게 키워질 수 있다. 특히 어릴 때 시작할수록 결과는 더 좋다. 용기가 부족하면 대신 두려움이 자란다. 경솔한 부모가 아이 마음에 두려움을 키운다. 아버지의 무관심과 어머니의 과잉보호야말로 자녀를 지나치게 겁이 많은 아이로 만드는 주범이다. 아이 마음에 두려움의 씨앗이 뿌려지면 아이는 의존적으로 자라게 된다. 어른이 된 후에 두려움을 극복하기란 쉽지 않다. 만약 아이가 굽은 다리로 태어났다면, 부모는 아이의 다리를 정상으로 만드는 데 모든 노력과 돈을 아낌없이 쏟아 부었을 것이다. 날마다 아이의 보기 흉한 다리를 두 눈으로 봐야 하고 이웃들도 아이의 다리를 보며 혀를 끌끌 찼을 테니 말이다. 두려움이라는 병도 부모의 정성과 노력이 있어야 극복하기가 쉽다. 그러나 그 병이 단지 눈에 잘 보이지 않기 때문에 두려움으로 뒤틀린 아이의 작은 마음은 용기를 내어 그 병과 싸워 보려고 해도 번번이 부모의 방해에 부딪친다. 결국 혼자 힘으로 싸울 수밖에 없다.

이 어린아이에게 앞으로 일어날 일을 생각하니 걱정부터 앞선다. 이런 고민 저런 고민으로 비틀거리며 걸어갈 모습이 눈에 선하기 때문이다. 좀처럼 앞에 나서지 못하고 꽁무니를 빼는 친구를 보면, 그의 어린 시절이 어떠했을지 대강 짐작이 간다. 엄마는 물가에 다가가는 아이의 모습에 전전긍긍하며 이렇게 소리쳤을 것이다.

"물가에 가지 마렴. 발이 다 젖으면 감기에 걸린단다!"

다음과 같은 훈계는 매우 유명하다.

"집에 일찍 들어와야 해. 날이 어두워지면 요괴가 엄마 말 안 듣는 못된 아이를 잡아간단다."

몇 년 후 아이가 학교에서 말썽꾸러기들에게 쫓기다가 숨 가쁘게 집으로 달려왔을 때, 아이 엄마는 길길이 날뛰며 그 문제에 대해 아빠가 나서서 해결해야 한다며 남편을 다그친다. 만약 학교에서 그런 '문제아'들을 제대로 처벌하지 않는다면 경찰을 불러야 마땅하다는 것이 엄마의 주장이다. 그러나 그런 상황에서 아이가 어떻게 처신해야 하는지에 대해서는 단 한 마디 말도 없다! 아빠는 조용히 듣고만 있다가 그 부모들에게 단단히 주의를 주는 게 좋겠다는 말로 엄마의 생각에 동조한다. 부모의 대화를 듣고 있던 아이는 엄마, 아빠가 정말 그렇게 할 것만 같아 조바심이 난다.

'작은 도토리에서 큰 떡갈나무가 자란다.' 단, 싹이 돋아나지 못하게 가지를 꺾지 않는다면.

그 어린아이는 언젠가 성년이 될 것이다. 성년이 될 때 반드시 갖추어야 할 덕목이 바로 용기다. 용기가 있다면 어떤 상황에서든 꿋꿋이 앞으로 나아갈 것이다. 선천적으로 다리나 등이 굽었을지라도 늘 용기와 함께라면, 책임감이 강한 사람은 물론 세상이 주목하는 사람이 될 수도 있다.

한 위대한 웅변가가 연단에 앉아 어떤 남자의 연설을 듣고 있었다. 그는 국가의 명예를 지키기 위한 여러 조치들에 반대하고 있었다.

"우리를 전쟁터로 끌고 갈 그 버러지 같은 자들보다 우리가 백배 더 오래 살 것이오!"

그는 소리쳤다. 그때 웅변가가 자리를 박차고 일어나 우렁찬 목소리로 외쳤다.

"신은 겁쟁이를 싫어하오!"

그러고는 다시 자리에 앉았다.

그 순간 어색한 긴장감이 감돌았다. 바로 그때 청중들이 갑자기 자리에서 벌떡 일어났다. 웅변가의 힘 있는 말 한 마디에 큰 용기를 얻은 것이다. 그 웅변가는 '신은 스스로 돕는 자를 돕는다'는 성경의 말을 인용하며 사람들에게 용기와 힘을 불어넣었다.

그 효과는 놀라웠다. 사람들은 웅변가의 생각에 동의했고, 스스로 나라를 지키기 위해 독립전쟁에 가담했다.

용기를 기를 수 있는 모든 경험이 삶의 자산이 된다. 그런 경험을 많이 할수록 우리는 더 멀리 나아갈 수 있고 더 흥미로운 삶을 살 수 있다. 용기 있는 사람 앞에는 모든 것이 펼쳐져 있는 반면, 소심하고 겁 많은 사람은 늘 제물을 바쳐야 할 것이다. 적극적이고 용기 있는 사람이 그렇지 못한 사람에게 도움이나 상담을 요청하는 경우는 없다. 그런 사람의 조언은 아무 소용이 없기 때문이다. 그의 견해는 설득력이 없다. 진정으로 조언을 구하고 싶을 때는 행동하는 사람에게 찾아갈 것이다. 우리는 그에게 찾아가 이렇게 말한다.

"저한테 좋은 아이디어가 있는데, 성공할 수 있도록 도와주시겠습니까?"

만약 정말 좋은 아이디어라면, 그는 기꺼이 도움을 줄 것이다. 하지만 그가 생각하기에 좋은 아이디어가 아니라면, 그는 자신의 경험을 토대로 아낌없는 조언을 줄 것이다. 용기 있는 사람은 큰 비전을 세운다. 두려움이 없기 때문에 거리낌 없이 어디든 갈 수 있다. 불빛이 영원히 꺼지지만 않는다면 그들이 실패할 가능성은 없다.

용기와 함께 할 때 삶의 지휘자는 우리 자신이다. 더 지혜롭고 통찰력 있는 사람만이 우리에게 지시를 내릴 수 있다. 용기 있고 통찰력이 매우 뛰어나 가장 큰 비전을 세울 수 있는 사람은 결코 강압적으로 누구를 통제하거나 다스리는 '감독관'이기보다 함께 논리적으로 문제를 해결하려는 동료임을 자처한다. 그래서 육체적 · 정신적으로 용기가 부족한 사람들은 이들에게 의존하게 된다.

용기는 희망의 소산이요, 실패란 놈의 골칫거리다. 원기 왕성하게 태어난 용기는 더 위대한 인성들과 긴밀히 관계를 맺는가 하면 두려움의 싹이 자라지 못하도록 짓밟는다. 아이의 마음에 일찍 용기의 씨가 뿌려지면, 용기는 평생 다른 좋은 인성들과 교류를 넓히며 자신의 역할을 다할 것이다.

18장

인생의 동반자가 되어줄 사람과 결혼하라!

결혼 생활에도 봄, 여름, 가을, 겨울 사계절이 있다. 인생의 사계절을 모두 즐겁고 평온하게 보내기 위해서는 인생의 동반자가 필요하다. 우리가 원하는 동반자는 즐거울 때나 슬플 때나 늘 함께 할 수 있는 마음 따뜻한 사람이다. 모두가 실패한 상황에서도 끝까지 좌절하지 않고 성공할 수 있도록 든든한 버팀목이 되어주는 사람이다.

인생의 동반자가 되어줄 사람과 결혼하라!

젊을 때 결혼하는 것은 기쁨이요, 행복이다. 서로 다른 환경에서 살아온 두 사람이 한 가정을 이루고 서로에게 영원한 동반자가 되어줄 마음의 준비가 되었다면, 사랑하는 사람과 결혼하는 것은 우리에게 주어진 가장 즐거운 임무 가운데 하나다. 그런데도 악착같이 일해서 돈을 모으느라 인생의 중요한 과정을 자꾸 미루는 것은 안타까운 일이다. 물론 사랑하는 사람을 고생시키고 싶지 않아 우선 돈부터 벌어놓겠다는 생각에서일지도 모른다. 하지만 많은 통계자료에 따르면, 오히려 상황은 그들의 예상과 다르게 흘러간다.

일반적으로 젊은 시절이 지나면 기력이 상대적

으로 약해지게 마련이라 열정도 그만큼 식어진다. 이제 벌 만큼 벌었다고 생각할 무렵이면 그는 눈빛이 탁해져 있을 것이고, 사랑하는 여자에게서 결점을 찾으려고 하는 자신을 발견할지도 모른다. 더 이상 사랑 앞에 순수하지 않다. 몇 년의 세월이 흐른 지금, 한때 장미꽃 같았던 것이 이제 접시꽃에 더 가까워 보일지 모른다.

그러나 그는 그런 변화에 대해 스스로 색밍하지 않는다. 적절한 시기에 인생의 동반자가 되어줄 사람과 결혼해 한 가정을 이루었다면 지금쯤 장미꽃으로 가득한 정원을 가꾸고 있으리라. 거기에 접시꽃은 자라지 않았을 것이다. 그가 만든 보금자리는 그의 감성을 사랑으로 물들었을 것이고, 그로 인해 부부 간의 애정은 더욱 깊어졌으리라.

아마 젊은이들이 직면한 가장 골치 아픈 문제 가운데 하나가 결혼일 것이다. 다른 어느 때보다 결혼에 대해 고민할 때 더 많은 생각과 정력과 시간을 쏟게 마련이다. 그만큼 인생의 행복을 결정하는 중대한 문제이기 때문이다. 무엇보다 인생의 꿈을 설계하고 그 꿈을 향해 나아가는 과정에서 배우자의 역할이 큰 영향을 미친다. 예를 들어 아내가 남편의 포부에 그다지 관심이 없거나 협조적이지 않다면, 남편은 포부를 실현하기 위해 노력하는 과정에서 큰 난관에 봉착할 때마다 쉽게 흔들릴 수 있다. 그렇지만 아내가 옆에서 기운과 힘을 북돋워주고 위기가 닥칠 때마다 좌절하지 않도록 돕는다면, 남편은 끝까지 포기하지 않고 최선을 다해 마침내 원하는 목표를 이룰 것이다. 더불어 이 세상에서 믿고 의지할 수 있는 사람은 오직 아내뿐임을 실감할 것이다.

결혼은 중대한 문제다. 많은 사람들이 처음부터 그 점을 인정한다. 하지만 결혼은 단지 삶의 낭만을 위한 것만이 아니다. 지극히 현실적인 부분도 고려해야 한다. 행복한 인생을 살기 위해 부부는 서로 믿고 의지하는 동료 관계를 맺어야 한다. 한 사람이 지배하고 통제하는 관계가 되어서는 결코 안 된다. 서로가 서로에게 깊은 관심을 보이고 필요할 때 기꺼이 든든한 조력자가 되어주는 것이야말로 이상적인 부부상이다. 부부는 인생의 길을 나란히 걸으며 서로를 존중하고 신뢰하는 가장 좋은 친구가 되어야 한다. 얼마든지 부부도 서로 친구가 될 수 있다. 그런 파트너십이야말로 부부가 함께 인생을 즐기며 행복하게 살 수 있는 비결이다. 사랑도 더욱 돈독해진다. 그렇지만 부부 사이에 관심과 이해, 신뢰, 존중이 없다면, 언젠가 남아 있던 애정도 창문 밖으로 날아가 버릴지 모른다.

결혼은 백년가약이다. 부부가 되어 평생을 함께 할 것을 다짐하는 언약을 맺었기에 그 언약을 소중하게 지켜나가야 한다. 다른 남자 혹은 여자 때문에 쉽게 깨져서는 안 된다. 눈먼 사랑은 오로지 눈먼 사람들만 하는 것이다. 부부의 연을 맺기 전에 서로가 서로의 영원한 동반자가 될 수 있는지를 먼저 진지하게 생각해야 한다. 미래의 배우자가 현명하고 사려 깊고 몸과 마음이 건강한 사람인지를 고려해야 한다. 그런 점에서 인생의 동반자로 평생 함께 할 수 있겠다는 판단이 들면 더 이상 주저하지 말라.

이리 재고 저리 재며 쓸데없는 걱정을 하는 것은 시간 낭비다.

물론 아직 결혼할 자격이 없는 사람들이 있다. 그런데도 그들은 결혼을 한다. 결혼을 쉽게 생각하기 때문이다. 결혼을 왜 해야 하는지, 결혼이 자신의 삶에 가져다주는 의미가 무엇인지 등을 전혀 생각하지 않은 채 어쨌든 해야 하는 일이니까 당연히 한다.

결혼을 결심하기 전에 스스로 결혼할 준비가 충분히 되어 있어야 한다. 적어도 한 가정을 이루기 위해 필요한 것들을 갖추어 놓아야 한다. 스스로 한 가정을 책임질 준비가 되어 있는지를 자문해볼 필요도 있다. 일단 결혼을 하게 되면 배우자와 함께 길고 긴 항해를 시작하게 되리라. 젊은 부부 앞에는 창창한 미래가 펼쳐져 있다. 그러므로 당장 돈이 많아야 할 필요는 없다. 그렇다고 무일푼으로 결혼해도 된다는 말은 아니다. 결혼한 지 며칠 만에 경제적 곤란을 겪는다면 순조로운 결혼 생활을 유지하기는 힘들다. 배우자를 고르는 안목이 부족해서 결국 매사에 티격태격 싸우는 지경에 이른 부부가 겪는 고통만큼이나 크다. 애초에 가장의 역할을 맡기에는 능력과 자질이 모두 부족했다. 여자로서 자신의 남편이 책임감과 능력이 부족한 사람임을 깨닫는 것은 참으로 슬프고 괴로운 일이리라.

결혼 생활에도 봄, 여름, 가을, 겨울 사계절이 있다. 인생의 사계절을 모두 즐겁고 평온하게 보내기 위해서는 인생의 동반자가 필요하다. 우리가 원하는 동반자는 즐거울 때나 슬플 때나 늘 함께 할 수 있는 마음 따뜻한 사람이다. 모두가 실패한 상황에서도 끝까지 좌절하지 않고 성공할 수 있도록 든든한 버팀목이 되어주는 사람이다. 아이가 태어나면 우리의 하루하루는 축복이 될 것이다. 아이의 존재는 우리가 더 열심히 살게 만드는 원동력이다. 아내와 아이가 함께 웃고 있는 모습을 보는 것만으로도 행복이 절로 느껴지리라. 아이의 보드라운 볼과 손이 아내를 빼닮았다고 생각하는가? 아내는 아이의 해맑은 눈을 바라보면서 남편의 눈을 떠올릴 것이다. 아이에게 진한 애정을 표현하는 것은 부부가 서로에 대한 관심을 표하는 또 다른 방법이다.

이제 따뜻한 봄날이 왔다! 어린아이들은 우리 몸에 올라타며 목에 팔을 감는다. 이것이 결혼 생활의 유일한 보상이라 해도 결코 헛되지 않을 것이다. 아이가 태어나면서 가족이라는 연대감은 더욱 강해진다. 해맑은 눈동자를 가진 아이의 부모가 되는 것은 인생에서 가장 중요한 경험 가운데 하나다. 그 경험을 함으로써 남편은 더 용기 있고 더 큰 포부가 있고 더 열정적인 사람으로 변한다. 책임이 더 막중해진 만큼 각오 또한 남다르다. 그런 듬직한 모습은 아내에게 안정감과 기쁨을 선사한다. 봄날의 환희를 만끽하는 부부 사이에 권태란 있을 수 없다.

여름이 다가오면 새로운 희망이 자라기 시작한다. 우리는 봄날을 활기차고 열정적으로 보냈다. 새로운 계절을 맞으며 이제 더 큰 비전과 포부를 세우게 된다. 무럭무럭 자라나는 아이들을 위한 미래를 준비해야 할 때다. 그들이 세상으로 나가기 전에 반드시 필요한 자질과 인성을 고루 갖추도록 해야 한다. 우리의 가정은 희망찬 미래로 가득하고 지상 최고의 낙원이 된다. 그러한 환경에서 교육받은 아이들은 분명 인간적인 매력을 풍기는 사람으로 자랄 것이다. 아이들이야말로 우리가 정성껏 가꾼 행복의 소산이다.

가을이 온다고 해서 두려울 것은 없다. 자녀들이 곧 결혼해서 새 가정을 이루는 모습을 보게 될 것이기 때문이다. 어린 손자들의 어리광을 보는 낙이 우리 삶을 생기 있게 만들어준다. 이제 우리는 겨울을 맞을 준비가 되어 있다. 여생을 함께 보낼 수 있는 든든한 가족이 있기에 추운 겨울이 와도 두렵지 않다.

인생에서 이보다 더 큰 보상은 없다. 무엇이든 뿌리는 대로 거두는 법이다. 결혼해서 한 가정을 이루고 자녀를 낳아 사회의 건전한 구성원으로 올바르게 키울 때, 우리는 스스로 후회 없는 인생을 살았다고 말할 수 있다.

19장

행복형 인간으로 살라!

나는 자신 있게 말할 수 있다. 지금까지 그랬고 앞으로도 그럴 것이라고. 그렇게 행복형 인간으로 사는 것은 매우 쉽다!

행복형 인간으로 살라!

이 장에서는 편의상 원래대로 '그대'라는 인칭 대명사를 쓰고자 한다. 마지막 장은 오로지 '그대와 나'에 초점이 맞춰져 있기 때문이다. 지금쯤 그대는 한 가지 궁금증이 생길 것이다. 그렇다면 나는 지금껏 말한 대로 실천하며 살고 있는가?

나는 자신 있게 말할 수 있다. 지금까지 그랬고 앞으로도 그럴 것이라고. 그렇게 행복형 인간으로 사는 것은 매우 쉽다!

먼저 내 몸을 돌보는 일을 게을리 하지 않았기에 나는 늘 건강하고 행복하다. 내 몸에 무관심하고 소홀했다면 언젠가 스스로 무너지고 말았을 것이다. 무기력하게 주저앉아 있으면, 세상은 우리에게 우리가 결코 원하지 않는 것들을 준다.

신선한 공기를 마시는 것만으로도 기분이 상쾌해진다. 규칙적인 운동을 하기 때문에 혈액 순환이 원활해지고 원기가 왕성해진다. 따라서 내 몸은 인위적인 자극을 갈망하지 않는다. 나는 또한 활발하게 몸을 움직인다. 움직임이야말로 최고의 명약이다! 그렇다고 늘 몸을 움직이기만 하지 않는다. 마음을 단련하기 위해 좋은 책도 읽는다. 독서는 마음을 다스릴 뿐 아니라 지식도 쌓을 수 있는 좋은 기회다.

나는 정기적으로 나의 내적 자아도 돌본다. 자신을 객관적으로 점검하기 위해서는 혼자만의 시간이 필요하다. 스스로 원하는 삶을 만족스럽게 살고 있는지, 결점을 보완하기 위해 어떤 노력을 해왔는지 등을 자문해보아야 한다. 우리 안에 희망의 불씨가 살아있는 한 삶은 틀림없이 우리에게 놀라운 기적을 보여줄 것이다.

어린 시절부터 지금까지 셰익스피어는 내 삶의 영원한 동반자였다. 성서를 제외하면, 셰익스피어의 작품들을 능가할 만한 책은 없다. 나의 아버지는 그 위대한 극작가이자 시인을 사랑하기도 했거니와 내가 셰익스피어의 명언들을 오래 기억하기를 바라셨기 때문에 아버지의 가르침에 따라 나는 아직 말뜻을 이해하지도 못하는 어린 나이에 셰익스피어의 작품들을 낭독했다. 오랜 세월이 흐른 지금도 나는 대부분을 기억하고 있으며, 이제 말뜻을 충분히 이해할 수 있을 만큼 스스로 성장했다. 이제 나는 그 위대한 철학자의 열렬한 추종자가 되었다. 셰익스피어보다 인간의 감정들을 더 잘 설명할 수 있는 작가를 나는 지금껏 보지 못했다. 게다가 셰익스피어만큼 통찰력이 빛나는 조언을 한 작가도 없었다. 『햄릿』에서 폴로니우스가 아들 라에르테스를 떠나보내며 하는 조언들은 400년이 지난 오늘날까지 여전히 많은 사람들의 마음에 깊이 새겨져 있다. 또한 앞으로도 계속 그럴 것이다.

그의 조언들은 반복해서 음미할 만한 가치가 충분하다. 우리가 세상을 보는 시야를 넓혀줄 것이다. 인생이 뜻대로 되지 않을 때, 상대와 원만한 관계를 맺지 못할 때, 그 원인을 찾는 과정에서 셰익스피어의 조언이 도움이 될지 모른다. 셰익스피어의 책이 없어서 당장 책을 사야하거나 그 조언을 일일이 찾는 수고스러움을 덜어주고자 여기에 폴로니우스가 아들에게 조언하는 대목을 그대로 실었다.

너의 기억 속 이 몇 마디 조언이
너의 인성을 나타내리라.
너의 생각을 혓바닥에 옮기지 말고
설익은 생각을 행동에 옮기지 말라.
친절하되 천박해서는 안 된다.
우정을 확인한 친구라면 쇠테를 둘러서라도 놓치지 말라.
그러나 갓 태어나 아직 깃털도 자라지 않은 풋내기들을 모두 환대하기 위해
너의 손바닥을 무디게 하지 말라.
싸움판에 끼어들지 말 것이며
끼어들게 되면 상대방이 너의 존재를 깨닫게 하라.
모두의 이야기에 귀 기울이되 말은 적게 하라.
각자의 의견을 듣되 너의 판단은 보류하라.
주머니 사정이 허락하는 한 옷을 잘 입어라.
하지만 변덕스럽고 사치스럽고 저속하게 보여서는 안 된다.
옷이란 종종 그 사람의 인품을 나타내기 때문이다.
프랑스의 상류사회 사람들이야말로

그 점에서는 가장 세련되고 우아한 안목을 지녔다.
돈을 빌리지도 빌려주지도 말라.
빚은 종종 돈과 친구를 한꺼번에 잃게 한다.
돈을 빌리면 검약의 칼날이 무뎌진다.
무엇보다도 네 자신에게 충실해져라.
그러면 밤이 낮을 따르듯 남에게도 충실해지리라.

이제 글을 마칠 때가 된 듯하다. 이 글을 쓰는 일은 내게 큰 기쁨이었다. 여러분도 기쁜 마음으로 이 글을 읽어주신다면 더 바랄 나위가 없을 것이다. 우리는 모두 하루하루 바쁘게 살아가고 있다. 하지만 때때로 혼자만의 시간을 보내며 가만히 사색에 잠기기도 한다. 팬들은 내게 가끔씩 온갖 주제에 대해 내 생각이 어떠한지를 묻는 편지를 보내기도 한다. 사람들은 내가 늘 행복할 거라고 믿는다. 내가 웃고 있는 사진들이 그 사실을 말해주는 듯하기 때문이다. 그러나 그것은 사실이다! 앞에서 나는 그 이유들에 대해서 이야기했다. 세상 사람들이 더 행복해지는 데 내가 도움이 되었기를 바라며 더불어 나의 '행운의 별들'에게도 감사를 표한다.

더글러스 페어뱅크스